Amore:
Compimento della Legge

Amore:
Compimento della Legge

Dott. Jaerock Lee

Amore: Compimento della Legge del Dott. Jaerock Lee
Pubblicato da Urim Books (Rappresentato da Sungnam Vin)
73, Yeouidaebang-ro 22-gil, Dongjak-gu, Seoul, Corea
www.urimbooks.com

Tutti i diritti riservati. Questo libro – o parti di esso – non può essere riprodotto in alcuna forma, memorizzata in un sistema di recupero o trasmessa in qualsiasi forma o con qualsiasi mezzo, elettronico, meccanico, fotocopiatura, registrazione o altro, senza previa autorizzazione scritta dell'editore.

Salvo diversa indicazione, tutte le citazioni sono tratte dalla Bibbia Sacra Scrittura, Copyright ©, La Nuova Riveduta sui testi originali (1994, edizione del 2006), a cura della Società Biblica di Ginevra. Usate con permesso.

Copyright © 2020 Dott. Jaerock Lee
ISBN: 979-11-263-0578-0 03230
Copyright Traduzione © 2015 Dott. Esther K. Chung usato con permesso.

Precedentemente pubblicato in coreano da Urim Books nel 2009

Data prima pubblicazione Febbraio 2020

Sebelumnya diterbitkan dalam bahasa Korea tahun 2009 oleh Urim Books di Seoul, Korea

A cura del Dott. Geumsun Vin
Progettato dal Bureau Editoriale di Urim Books
Stampato presso Printing Company – Prione
Per maggiori informazioni contattare: urimbook@hotmail.com

*"L'amore non fa nessun male al prossimo;
l'amore quindi è l'adempimento della legge".*

Romani 13:10

Prefazione

Con la speranza che i lettori arrivino a possedere la Nuova Gerusalemme attraverso l'amore spirituale.

Una società di pubblicità del Regno Unito ha sottoposto un quiz al pubblico, chiedendo quale sia il modo più veloce per viaggiare da Edimburgo, in Scozia, a Londra, in Inghilterra, assicurando una grande ricompensa alla persona la cui risposta fosse stata scelta. La risposta che è stata selezionata è: "viaggiare con una persona cara". Siamo consapevoli che se viaggiamo in compagnia dei nostri cari, anche una grande distanza apparirà a noi breve. Allo stesso modo, se amiamo Dio, non sarà difficile per noi mettere la sua Parola in pratica (1 Giovanni 5:3). Dio non ci ha dato la Legge e non ci ha detto di osservare i suoi Comandamenti per farci vivere una vita difficile.

Il termine "Legge" deriva dalla parola ebraica "Torah", che ha il significato di "statuti", e di "lezione". "Torah" di solito è riferito al Pentateuco, che comprende i dieci comandamenti, ma, la "Legge" si riferisce anche ai 66 libri della Bibbia nel suo complesso, o semplicemente agli statuti di Dio attraverso i quali ci dice cosa fare e cosa non fare, cosa mantenere e cosa gettare via.

Le persone potrebbero pensare che la Legge e l'amore non sono collegate tra di loro, invece non possono essere separate. L'amore appartiene a Dio, e senza amare Dio non possiamo mantenere completamente la Legge. La Legge può essere soddisfatta solo quando la pratichiamo con amore.

C'è una storia che ci mostra la forza dell'amore. Un giovane uomo è precipitato con il suo piccolo aeroplano mentre stava attraversando un deserto. Suo padre era un uomo molto ricco, che assunse una squadra di ricerca e soccorso per trovare suo figlio, che non ebbe nessun esito. Così decise di diffondere milioni di volantini nel deserto; quello che c'era scritto sul volantino era: "Figlio, ti voglio bene". Il figlio, che vagava nel deserto, ne trovò uno, ricevendo il coraggio che gli consentì di essere salvato alla fine. Il vero amore del padre ha salvato suo figlio. Proprio come il padre diffonde i volantini in tutto il deserto, anche noi abbiamo il dovere di diffondere l'amore di Dio ad un numero infinito di anime.

Dio ha rivelato il suo amore inviando il suo unigenito Figlio Gesù su questa terra per salvare l'umanità peccatrice. Ma i legalisti al tempo di Gesù erano concentrati solo sulle formalità della legge e non capivano il vero amore di Dio. Alla fine, hanno condannato l'unigenito Figlio di Dio, Gesù, come un blasfemo che voleva abolire la Legge, e per questo lo crocifissero. Non capivano l'amore di Dio insito nella legge.

Nella prima lettera ai Corinzi, capitolo 13, è ben raffigurato l'esempio di "amore spirituale". Ci racconta l'amore di Dio che ha mandato il Suo unigenito Figlio per salvare noi che eravamo destinati a morire per colpa dei peccati, e l'amore del Signore che ci ha amati fino al punto di abbandonare tutta la sua gloria celeste e morire sulla croce. Se anche noi vogliamo diffondere l'amore di Dio alle numerose anime morenti nel mondo, dobbiamo comprendere questo amore spirituale e praticarlo.

"Io vi do un nuovo comandamento: che vi amiate gli uni gli altri. Come io vi ho amati, anche voi amatevi gli

uni gli altri. Da questo conosceranno tutti che siete miei discepoli, se avete amore gli uni per gli altri" (Giovanni 13:34-35).

Questo libro è stato pubblicato in modo che i lettori possano verificare in che misura abbiano coltivato l'amore spirituale e in che misura siano stati trasformati dalla verità. Ringrazio Geumsun Vin, il direttore dell'ufficio editoriale e tutto il personale, e spero che tutti i lettori adempiranno alla Legge con amore, e che alla fine possano entrare nella Nuova Gerusalemme, la più bella delle dimore celesti.

Jaerock Lee

Introduzione

Spero che attraverso la verità di Dio i lettori siano trasformati nel coltivare l'amore perfetto.

Un canale televisivo ha condotto un sondaggio tra donne sposate. La domanda era: "potendo scegliere, risposereste lo stesso uomo?" Il risultato è stato scioccante perché solo il 4% delle donne ha risposto sì. Presumendo che avessero sposato uomini che amavano, ci si chiede: perché hanno cambiato idea? Perché non amavano con amore spirituale. Questo libro *"Amore: Compimento della Legge"* ci insegnerà cos'è l'amore spirituale.

Nella Parte 1 "Caratteristiche dell'Amore", si guarderà alle diverse forme di amore tra marito e moglie, genitori e figli, amici e vicini, dandoci così l'idea della differenza tra l'amore carnale e l'amore spirituale. L'amore spirituale è amare l'altra persona con un cuore immutabile senza desiderare nulla in cambio. Al contrario, l'amore carnale cambia a seconda delle situazioni e circostanze, e per questo motivo l'amore spirituale è prezioso.

Nella Parte 2 "L'amore come nel Capitolo Amore", studieremo il Capitolo 13 della prima lettera ai Corinzi, dividendolo in tre diverse sezioni. La prima parte, "il tipo di Amore che Dio desidera" (1 Corinzi 13:1-3), è l'introduzione al capitolo che pone l'accento sulla importanza dell'amore spirituale. La seconda parte, "caratteristiche dell'Amore" (1 Corinzi 13:4-7), è la parte principale del Capitolo dell'Amore, e ci spiega le 15 caratteristiche dell'amore spirituale. La terza parte, "Amore Perfetto", è la conclusione del Capitolo dell'Amore, che ci permette di sapere che fede e speranza sono necessarie temporaneamente, durante la strada verso il Regno dei Cieli su questa terra, mentre l'amore dura in eterno, anche nel Regno dei Cieli.

La Parte 3, "L'amore è il compimento della legge", spiega cosa vuol dire rispettare la Legge con l'amore. Parla anche dell'amore che Dio ha verso di noi esseri umani su questa terra, attraverso la coltivazione umana, e l'amore di Cristo, che ha aperto la via della salvezza.

Il "Capitolo dell'Amore" (Corinzi 13) è solo un capitolo tra i 1.189 capitoli della Bibbia, ma è come una mappa che ci mostra dove trovare grandi tesori, perché ci insegna la strada verso la

Nuova Gerusalemme. Anche se abbiamo la mappa e conosciamo la strada, è inutile se in realtà non percorriamo ora la strada che ci è stata data, se non pratichiamo l'amore spirituale.

Dio è compiaciuto dell'amore spirituale, e noi possiamo possederlo nella misura in cui osserviamo la sua Parola, che è la Verità. Una volta che possediamo l'amore spirituale, possiamo ricevere l'amore e le benedizioni di Dio, ed entrare nella Nuova Gerusalemme, la più bella tra le dimore celesti. L'amore è il fine ultimo per cui Dio ha creato e coltiva il genere umano. Prego affinché tutti i lettori amino Dio innanzitutto e amino il prossimo come se stessi in modo che possano ottenere le chiavi per aprire i cancelli di perla della Nuova Gerusalemme.

Geumsun Vin
Direttore dell'Ufficio Editoriale

Sommario — *Amore: Compimento della Legge*

Prefazione · VII

Introduzione · XI

Parte 1 Caratteristiche dell'Amore

Capitolo 1: Amore Spirituale · 2

Capitolo 2: Amore Carnale · 10

Parte 2 L'amore come nel Capitolo Amore

Capitolo 1: L'amore che Dio desidera · 24

Capitolo 2: Significato di Amore · 42

Capitolo 3: L'amore perfetto · 160

Parte 3 L'amore è il compimento della legge

Capitolo 1: L'amore di Dio · 172

Capitolo 2: L'amore di Cristo · 184

"Se amate quelli che vi amano, quale grazia ne avete? Anche i peccatori amano quelli che li amano".

Luca 6:32

Parte 1
Caratteristiche dell'Amore

Capitolo 1 : Amore Spirituale

Capitolo 2 : Amore Carnale

CAPITOLO 1 ~ *Amore Spirituale*

Amore Spirituale

*"Carissimi, amiamoci gli uni gli altri,
perché l'amore è da Dio e chiunque ama
è nato da Dio e conosce Dio.
Chi non ama non ha conosciuto Dio,
perché Dio è amore".*
1 Giovanni 4:7-8

Il solo ascolto della parola "amore" fa si che i nostri cuori battano forte e le nostri menti fluttuino. Se siamo in grado di amare qualcuno e condividere il vero amore per tutta la vita, significa che la vita viene riempita con la massima felicità. A volte abbiamo sentito parlare di persone che superano situazioni come la stessa morte e rendono la loro vita bella attraverso il potere dell'amore. L'amore è una necessità primaria per condurre una vita felice; esso ha il grande potere di cambiare la nostra vita.

Il Vocabolario Treccani online definisce l'amore come "Sentimento di viva affezione verso una persona che si manifesta come desiderio di procurare il suo bene e di ricercarne la compagnia; a. materno, filiale, fraterno; a. alla famiglia, agli amici; l'a. del padre, che questi ha per i figli o che essi hanno per lui. Può indicare l'affetto reciproco: a. coniugale". Ma il tipo di amore di cui Dio ci parla è l'amore ad un livello più alto: l'amore spirituale. L'amore spirituale cerca il bene degli altri; dà gioia, speranza e vita, ed è immutabile. Inoltre, non solo ci da benefici in questa vita terrena temporanea, ma porta le nostre anime alla salvezza e ci dà la vita eterna.

La storia di una donna che ha guidato il marito verso la Chiesa

C'era una donna che era totalmente devota al Signore nella sua vita da cristiana, ma a suo marito non piaceva che lei andasse in chiesa e, per questo, le rendeva la vita difficile. Anche vivendo tale disagio, sirecava ogni giorno alla preghiera dell'alba e pregava per suo marito. Un giorno andò a pregare la mattina presto portando con sé le scarpe di suo marito. Tenendo le scarpe sul suo seno, pregò con lacrime, "Dio, oggi, solo queste scarpe sono venute in chiesa, ma la prossima volta, fa che anche il proprietario di queste scarpe venga in chiesa".

Dopo qualche tempo successe qualcosa di incredibile: Il marito venne in chiesa. Ma cosa era successo? Accade che, da un certo momento in poi, ogni volta che il marito lasciava la casa per andare al lavoro, sentiva del calore nelle scarpe. Un giorno vide la moglie andare da qualche parte con le sue scarpe e decise di seguirla. Lei stava andando in chiesa.

Era sconvolto, ma non riusciva a dominare la sua curiosità. Doveva scoprire cosa stesse facendo in chiesa con le sue scarpe. Mentre si accingeva ad entrare sommessamente in chiesa, vide la moglie che stava pregando tenendo le sue scarpe strette al petto. Ascoltò la sua preghiera, che conteneva solo benedizioni e richieste per lui. Il suo cuore ebbe un sussulto, e non potè fare altro che sentirsi dispiaciuto per il modo in cui aveva trattato la moglie. Alla fine, il marito è stato mosso dall'amore di sua moglie ed è diventato un cristiano devoto.

La maggior parte delle mogli in queste situazioni di solito mi chiede di pregare per loro dicendo: "Mio marito mi sta rendendo la vita difficile solo perché vado in chiesa. Per favore prega per me affinché mio marito non mi tormenti più". Io vorrei rispondere, "Accelera la tua santificazione e diventa una donna spirituale. Questo è il modo per risolvere il problema". Perché daranno più amore spirituale ai loro mariti nella misura in cui abbandoneranno il peccato e diverranno donne spirituali. Quale marito renderebbe la vita difficile alla propria moglie che si sta sacrificando per lui per servirlo dal cuore?

In passato, la moglie avrebbe addossato tutta la colpa sul marito, ma ora che è stata trasformata dalla verità, la luce spirituale la guida ad oltrepassare le tenebre e, di conseguenza, anche il marito può cambiare. Chi pregherebbe per un'altra persona che le sta dando il tormento? Chi vorrebbe sacrificarsi per le persone vicine trascurate ed abbandonate, diffondendo il vero amore per loro? Quel figlio di Dio che ha imparato il vero amore del Signore ed è in grado di donare tale amore agli altri.

Amore immutabile e amicizia di Davide e Gionatan

Gionatan era il figlio di Saul, il primo re di Israele. Quando vide Davide sconfiggere Golia, il campione dei Filistei, con una fionda e una pietra, sapeva che egli era un guerriero su cui lo spirito di Dio era disceso. Essendo egli stesso un generale dell'esercito, il cuore di Gionatan fu catturato dal coraggio di Davide. Da quel momento in poi, Gionatan ha amato Davide come se stesso, e insieme cominciarono a costruire un forte legame di amicizia. Gionatan amava così tanto Davide che per lui non si è mai risparmiato su nulla.

"Appena Davide ebbe finito di parlare con Saul, Gionatan si sentì nell'animo legato a Davide, e Gionatan l'amò come l'anima sua. Da quel giorno Saul lo tenne presso di sé e non permise più che egli ritornasse a casa di suo padre. Gionatan fece alleanza

con Davide, perché lo amava come l'anima propria. Perciò Gionatan si tolse di dosso il mantello e lo diede a Davide; e così fece delle sue vesti, fino alla sua spada, al suo arco e alla sua cintura" (1 Samuele 18:1-4).

Gionatan era l'erede al trono, essendo il primo figlio del re Saul, e avrebbe potuto facilmente odiare Davide perché molto amato dal popolo. Ma non aveva alcun desiderio per il titolo di re. Piuttosto quando Saul cercò di uccidere Davide per mantenere il suo trono, Gionatan rischiò la propria vita per salvare il suo amico. Questo amore non cambiò mai fino alla sua morte. Quando Gionatan morì nella battaglia di Gilboa, Davide pianse e digiunò fino a sera.

"Io sono in angoscia a motivo di te, Gionatan, fratello mio; tu mi eri molto caro, e l'amore tuo per me era più meraviglioso dell'amore delle donne" (2 Samuele 1:26).

Dopo che Davide diventò re, trovò Mefiboset l'unico figlio di Jonathan, restituì a lui tutti i possedimenti di Saul e si prese cura di lui come suo figlio nel palazzo (2 Samuele 9). Esattamente così, l'amore spirituale significa amare l'altra persona con un cuore immutabile per tutta la vita, anche se non ci sono benefici per se stessi, o se addirittura ci danneggia. Essere gentili solo con la speranza di ottenere qualcosa in cambio, non è vero amore. L'amore spirituale significa sacrificare se stessi, continuando a dare agli altri incondizionatamente, con un spirito puro e vero.

L'immutabile amore di Dio
e del Signore verso noi

La maggior parte del dolore causato alle persone da esperienze di cuore spezzato è dovuto all'amore carnale presente nella loro vita. Quando abbiamo un dolore e ci sentiamo soli per colpa di un amore che cambia facilmente, c'è qualcuno che ci conforta e diventa nostro amico. Egli è il Signore. Disprezzato e abbandonato da tutti anche se era innocente (Isaia 53:3), Egli comprende benissimo i nostri cuori. Egli abbandonò la sua gloria celeste e scese su questa terra per percorrere la via della sofferenza. In questo modo divenne il nostro vero consolatore e amico. Egli ci ha dato il vero amore fino alla morte sulla croce.

Prima di diventare un credente, ero stato colpito da molte malattie ed ho accuratamente sperimentato il dolore e la solitudine causati dalla povertà. Dopo essere stato malato per sette lunghi anni, tutto quello che mi era rimasto era un corpo malato, un debito sempre crescente, il disprezzo della gente, la solitudine e la disperazione. Tutti quelli in cui avevo fiducia e che amavo mi avevano abbandonato. Ma qualcuno è venuto da me quando mi sentivo solo nell'intero universo. È stato Dio. Appena ho conosciuto Dio, sono guarito da tutte le mie malattie in una solo colpo, ed ho iniziato a vivere una nuova vita.

L'amore che Dio mi ha dato era un dono gratuito. Io non lo amavo prima. In primo luogo è venuto Lui da me e mi ha offerto le sue mani. Quando ho cominciato a leggere la Bibbia, ho potuto sentire la dichiarazione dell'amore di Dio per me.

"Una donna può forse dimenticare il bimbo che allatta, smettere di avere pietà del frutto delle sue viscere? Anche se le madri dimenticassero, non io dimenticherò te. Ecco, io ti ho scolpita sulle palme delle mie mani; le tue mura mi stanno sempre davanti agli occhi" (Isaia 49:15-16).

"In questo si è manifestato per noi l'amore di Dio: che Dio ha mandato il suo Figlio unigenito nel mondo affinché, per mezzo di lui, vivessimo. In questo è l'amore: non che noi abbiamo amato Dio, ma che egli ha amato noi, e ha mandato suo Figlio per essere il sacrificio propiziatorio per i nostri peccati" (1 Giovanni 4:9-10).

Dio non mi ha lasciato, anche quando lottavo nelle mie sofferenze, e dopo che tutti mi aveva abbandonato. Quando ho sentito il suo amore, non sono riuscito a fermare le lacrime che sgorgavano dai miei occhi. Potevo sentire che l'amore di Dio era vero a causa dei dolori che avevo sofferto. Ora sono un pastore, un servo di Dio, per confortare i cuori di molte anime e per ripagare la grazia che Dio ha dato a me.

Dio è l'amore stesso. Ha mandato il suo unigenito Figlio Gesù su questa terra per noi che siamo peccatori, ed Egli ci aspetta nel Regno dei Cieli, dove ha costruito per noi ogni sorta di cosa preziosa. Potremmo sentire il delicato e abbondante amore di Dio se solo aprissimo un po' il nostro cuore.

"Infatti le sue qualità invisibili, la sua eterna potenza

e divinità, si vedono chiaramente fin dalla creazione del mondo, essendo percepite per mezzo delle opere sue; perciò essi sono inescusabili" (Romani 1:20).

Perché non siano portati a pensare a quanto sia meravigliosa la natura? Il cielo azzurro, il mare limpido, tutti gli alberi e le piante sono le cose che Dio ha fatto per noi, affinché, vivendo su questa terra, potessimo conservare la speranza per il Regno dei Cieli, fino ad arrivarci.

Le onde che toccano la riva del mare, le stelle che brillano come se danzassero, il forte tuono delle grandi cascate, la brezza che ci passa accanto. Da tutte queste cose siamo in grado di sentire il respiro di Dio che ci dice: "Ti amo". Siamo stati scelti come figli di questo Dio amorevole. Come dovrebbe essere il nostro amore? Dobbiamo avere un amore eterno e vero e non un amore insignificante che cambia quando la situazione non ci porta nessun beneficio.

Amore Carnale

CAPITOLO 2 — *Amore Carnale*

"*Se amate quelli che vi amano, quale grazia ne avete?
Anche i peccatori amano quelli che li amano*".
Luca 6:32

Un uomo è in piedi davanti a una grande folla, di fronte al Mar di Galilea. Alle sue spalle, increspature blu sul mare sembrano ballare sulla dolce brezza. Tutti hanno smesso di parlare per ascoltare le sue parole. Alla folla di persone che sedevano qua e là su una piccola collina, diceva, con un tono gentile ma risoluto, di diventare luce e sale del mondo e di amare anche i nemici.

"Se infatti amate quelli che vi amano, che premio ne avete? Non fanno lo stesso anche i pubblicani? E se salutate soltanto i vostri fratelli, che fate di straordinario? Non fanno anche i pagani altrettanto?" (Matteo 5:46-47).

Come diceva Gesù, i miscredenti e anche i malvagi possono mostrare amore verso coloro che sono gentili e a quelli da cui traggono un beneficio. Vi è anche un falso amore, che in apparenza sembra buono ma non lo è. L'amore mutevole nel tempo, quello che si rompe e cade a pezzi a causa di piccole cose, non è l'amore vero ma l'amore carnale.

Se la situazione muta o le condizioni cambiano, l'amore carnale è destinato a venire meno. Spesso le persone tendono a cambiare i loro atteggiamenti a seconda dei vantaggi o dei benefici che possono ricevere. Gli esseri umani donano solo dopo aver ricevuto dagli altri, danno solo se già sanno che otterranno in cambio qualcosa di vantaggioso. Se diamo e vogliamo ricevere l'equivalente, o se ci sentiamo delusi quando gli altri non ci danno nulla in cambio, è perché amiamo di un amore carnale.

L'amore tra genitori e figli

L'amore dei genitori che continuano a dare ai propri figli ci commuove sempre. I genitori non dicono che è duro prendersi cura dei propri figli con tutte le loro forze, perché li amano. Di solito è desiderio dei genitori dare cose buone ai loro figli, anche se ciò comporta che essi poi non potranno mangiare il miglior cibo o indossare bei vestiti. Resta comunque, in un angolo del cuore dei genitori che amano, un angolo riservato alla ricerca del proprio beneficio.

Se davvero amano i loro figli, dovrebbero essere in grado di dare anche la propria vita, senza volere nulla in cambio. Eppure, esistono molti genitori che allevano i figli esclusivamente per il proprio beneficio e il proprio onore. Con frasi del tipo: "te lo dico per il tuo bene" in realtà cercano di controllare i figli per soddisfare i loro desideri di fama, o per il proprio beneficio monetario. Quando i figli valutano la propria carriera o si sposano, se scelgono una strada o un coniuge che i genitori non accettano, questi ultimi si oppongono con tutte le loro forze mostrandosi delusi. Questa è la prova che la loro devozione ed il loro sacrificio per i figli non era, dopo tutto, incondizionato. In sostanza provano ad ottenere ciò che vogliono attraverso i loro figli, in cambio dell'amore che è stato a loro dato.

L'amore dei bambini è generalmente molto inferiore a quello dei genitori. Un detto coreano recita: "se i genitori soffrono di una malattia per lungo tempo, i figli li abbandoneranno". Se i genitori sono malati e vecchi e non vi è alcuna possibilità di recupero, se i figli devono prendersi cura di loro, sentono che sarà difficile e che non saranno in grado di far fronte alla situazione. Quando sono molto piccoli, sono soliti dire qualcosa tipo: "non voglio sposarmi e voglio solo vivere con voi, mamma e papà". Questo potrebbe significare che in quel momento davvero vogliano vivere con i genitori per il resto della loro vita. Ma via via che crescono, diventano sempre meno interessati ai loro genitori, perché impegnati a cercare di guadagnarsi da vivere. Ai giorni nostri, i cuori delle persone sono così insensibili al peccato e il male è così diffuso, che a volte i genitori uccidono i loro figli o i figli uccidono i loro genitori.

L'amore tra marito e moglie

E l'amore tra le coppie sposate? Quando ci si frequenta, tutti dicono parole dolci come, "Non posso vivere senza di te. Io ti amerò per sempre". Ma che cosa succede una volta sposati? Essi sopportano i loro coniugi e usano frasi tipo, "Non posso vivere la mia vita come voglio per colpa tua. Mi hai ingannato!"

Hanno professato il loro amore per l'altro, ma dopo il matrimonio spesso parlano di separazione o divorzio solo perché convinti di essere incompatibili a causa di diversa provenienza familiare, educazione e personalità. Se il cibo non è buono come vorrebbe che lo fosse, il marito si lamenta con sua moglie dicendo: "Ma cosa hai preparato? Non c'è niente da mangiare!" Inoltre, se il marito non guadagna abbastanza, la moglie lo tormenta dicendo cose come: "Il marito della mia amica ha già ottenuto una promozione come regista e quello di un'altra per un ruolo esecutivo... Quando otterrai una promozione... e un altro mio amico ha acquistato una casa più grande e una macchina nuova di zecca, ma per quanto riguarda noi? Quando avremo la possibilità di acquistare cose migliori?"

In una statistica sulla violenza domestica coreana, quasi la metà delle coppie sposate commettono atti di violenza contro il proprio coniuge. Tante coppie sposate dimenticano l'amore che provavano all'inizio, iniziando ad odiarsi e a litigare. Oggi ci sono coppie che rompono durante la loro luna di miele! La durata media tra il matrimonio e il divorzio è sempre più breve. Pensano di amarsi tanto, ma appena iniziano la loro vita insieme, vedono solo i punti negativi l'uno dell'altra. Poiché i loro modi di pensare e i gusti sono diversi, sono costantemente in rotta di collisione su ogni argomento. Mentre tutto ciò succede, tutte le loro emozioni, tutto quello che pensavano fosse amore, va raffreddandosi.

Anche se potrebbero non avere problemi evidenti, si abituano l'uno all'altra e l'emozione del primo amore si raffredda col passare del tempo, fino a rivolgere i loro occhi verso altri uomini e donne. Il marito è deluso dalla moglie che si mostra spettinata al mattino, e ai suoi occhi perde fascino quando lei inizia ad invecchiare ed a guadagnare peso. L'amore deve diventare più profondo col passare del tempo, ma nella maggior parte dei casi questo non succede. Dopo tutto, questi cambiamenti confermano il fatto che questo amore era solo amore carnale, che esiste solo per il proprio vantaggio.

L'amore tra fratelli

I fratelli nati dagli stessi genitori e cresciuti insieme dovrebbero essere più vicini rispetto alle altre persone. Possono contare gli uni sugli altri per molte cose, perché hanno in comune tanto ed hanno accumulato amore. Ma tra alcuni di loro esiste un forte senso di competizione a tal punto da diventare gelosi gli uni degli altri.

I primogeniti potrebbero essere portati a pensare che parte dell'amore dei genitori che era destinato a loro è ora tolto e dato ai fratelli più piccoli. Il secondogenito potrebbe sentirsi insicuro perché sente di essere inferiore al fratello o alla sorella maggiori. Quelli che hanno entrambi i fratelli, sia più grandi sia più giovani, potrebbero sentirsi insicuri ed inferiori nei confronti dei più grandi e contemporaneamente depredati dell'amore che devono cedere ai fratelli più piccoli. Potrebbero anche sviluppare un senso di vittimismo in quanto non più oggetto delle attenzioni dei genitori. Se i fratelli non affrontano tali emozioni correttamente, si svilupperà una propensione ad avere rapporti sfavorevoli con i loro fratelli e le loro sorelle.

Il primo omicidio nella storia dell'umanità è avvenuto tra fratelli. La causa è stata la gelosia di Caino verso il fratello minore Abele a riguardo delle benedizioni di Dio. Da quel momento, ci sono state continue lotte e combattimenti tra fratelli e sorelle nel corso della storia dell'umanità. Giuseppe fu odiato dai suoi fratelli e venduto come schiavo in Egitto. Il figlio di Davide, Absalom, ordinò ad uno dei suoi uomini di uccidere suo fratello Amnon. Oggi, tanti fratelli e sorelle lottano tra di loro per il denaro lasciato in eredità dai loro genitori, diventando veri e propri nemici.

Anche se nono in maniera così grave come nei casi di cui sopra, quando si sposano e iniziano una nuova vita con le loro nuove famiglie, spesso non prestano più attenzione ai loro fratelli come prima. Sono l'ultimo di sei figli. Sono stato amato tantissimo dai miei fratelli e sorelle, ma quando sono stato costretto a letto per sette lunghi anni a causa di una serie di malattie, la situazione è cambiata. Sono diventato un onere sempre più pesante per loro. Hanno cercato di curare le mie malattie per un certo periodo, ma quando sembrava che non ci fosse più speranza, hanno cominciato a voltarmi le spalle.

L'amore tra i prossimi

I coreani usano un'espressione che significa "cugini prossimi", che vuol dire che il nostro prossimo ci può essere vicino come lo sono i nostri familiari. Quando in passato la maggior parte delle persone erano dedite all'agricoltura, i vicini erano considerati preziosi in quanto ci si poteva aiutare a vicenda. Ma questa espressione sta diventando sempre più desueta. Al giorno d'oggi, le persone tengono le loro porte chiuse e bloccate, anche nei confronti dei loro vicini. Usiamo persino sistemi di sicurezza blindati. Le persone non sanno nemmeno chi abita alla porta accanto.

Non si preoccupano per gli altri e non hanno alcuna intenzione di scoprire chi sono i loro vicini. Hanno considerazione solo per se stessi, e solo i loro familiari più stretti sono importanti per loro. Non si fidano l'uno dell'altro. Inoltre, se credono che i loro vicini stiano causando loro un qualsiasi tipo di disagio, sviluppano dei pregiudizi e non esitano a ostacolarli o a combatterli. Oggi molte persone che sono vicini di casa si citano in giudizio l'un l'altro per questioni insignificanti. Una persona ha accoltellato il vicino che viveva in un appartamento al piano di sopra a causa del rumore che faceva.

L'amore tra amici

E per quanto riguarda l'amore tra amici? Siamo abituati a pensare che un particolare amico sarà sempre al nostro fianco. Ma anche chi consideriamo tale potrebbe tradirci lasciandoci con il cuore infranto.

In alcuni casi, una persona potrebbe chiedere ai propri amici di prestargli una notevole quantità di denaro o di fargli da garante, perché in procinto di andare in bancarotta, ma se ottiene solo un rifiuto, questa persona si sente tradita, con la conseguenza di non volerli vedere mai più. Ma chi è colui che agisce scorrettamente in questo caso?

Se ami davvero il tuo amico, non devi causargli alcun dolore. Se siete prossimi alla bancarotta e i vostri amici vi fanno da garanti, è probabile che queste persone e i loro familiari potrebbero soffrire con voi. Possiamo chiamare amore la possibilità la possibilità che i vostri amici a causa vostra corrano dei rischi? Questo non è l'amore ed oggi, queste cose succedono spesso. Inoltre, la Parola di Dio ci vieta di prendere in prestito e prestare denaro e dare garanzie reali o di fare da garante per chiunque. Quando c'è disobbedienza a queste parole di Dio, nella maggior parte dei casi è opera di Satana, e tutti coloro che sono coinvolti dovranno affrontarne le conseguenze.

> *"Figlio mio, se ti sei reso garante per il tuo prossimo, se ti sei impegnato per un estraneo, sei còlto allora nel laccio dalle parole della tua bocca, sei prigioniero delle parole della tua bocca"* (Proverbi 6:1-2).

> *"Non essere di quelli che dan la mano, che danno cauzione per debiti"* (Proverbi 22:26).

Alcuni pensano che è saggio fare amicizia con persone sulla base di quello che possono ottenere da loro. È un dato di fatto che oggi sia molto difficile trovare una persona che doni volontariamente il suo tempo, fatica e denaro, con sincero amore, ai vicini o gli amici.

Ho avuto molti amici, fin dall'infanzia. Prima di diventare un credente in Dio, consideravo la fedeltà tra amici come priorità nella mia vita. Pensavo che la nostra amicizia sarebbe durata per sempre. Ma durante la mia lunga malattia, tra le tante altre cose, ho anche capito che l'amore tra amici cambia a seconda dei benefici che ognuno può trarne.

In un primo momento, i miei amici mi presero con loro, fecero qualche ricerca per trovare buoni medici o buoni rimedi popolari, ma quando si resero conto che non riuscivo a guarire, uno ad uno mi hanno abbandonato. In seguito mi resi conto che gli unici amici che realmente avevo erano i compagni di bevute e di gioco. Ed anche questi amici venivano da me, non perché mi amavano, ma solo perché avevano bisogno di un posto come punto di ritrovo per un po'. Anche nell'amore carnale ci si dice di amarsi, ma tutto questo prima o poi svanirà.

Quanto sarebbe bello se genitori e figli, fratelli e sorelle, amici e vicini non cercassero solo il proprio beneficio e non cambiassero mai i loro atteggiamenti? Se così fosse, significherebbe che hanno trovato l'amore spirituale. Ma nella maggior parte dei casi questo non avviene, non riuscendo a provare la vera soddisfazione. Cercano l'amore dalla propria famiglia e dalle persone intorno a loro, e più lo cercano, più diventano assetati d'amore, come se stessero bevendo acqua di mare per placare la loro sete.

Blaise Pascal ha detto che vi è un vuoto a forma di Dio nel cuore di ogni uomo che non può essere riempito da ogni cosa creata, ma solo da Dio, il Creatore, manifestato attraverso Gesù. Non possiamo sentirci veramente soddisfatti, soffrendo per un vuoto e per una mancanza di significato, a meno che questo spazio non sia pieno dell'amore di Dio. Quindi, questo significa che in questo mondo non esiste l'amore immutabile, quello spirituale? Non è così. Non è comune, ma l'amore spirituale esiste. 1 Corinzi capitolo 13 ci parla esplicitamente del vero amore.

> *"L'amore è paziente, è benevolo; l'amore non invidia; {l'amore} non si vanta, non si gonfia, non si comporta in modo sconveniente, non cerca il proprio interesse, non s'inasprisce, non addebita il male, non gode dell'ingiustizia, ma gioisce con la verità; soffre ogni cosa, crede ogni cosa, spera ogni cosa, sopporta ogni cosa"* (1 Corinzi 13:4-7).

Dio chiama questo tipo di amore, amore spirituale e amore vero. Se conosciamo l'amore di Dio e siamo cambiati dalla verità, possiamo possedere l'amore spirituale. Dobbiamo cercare di raggiungere l'amore spirituale con il quale saremo in grado di amarci con tutto il cuore e con un atteggiamento immutabile, anche se questo non ci darà benefici ma solo danni.

Modi per verificare se possediamo l'amore spirituale

Ci sono persone che credono erroneamente di amare Dio. Per poter verificare la misura in cui abbiamo coltivato il vero amore spirituale e l'amore di Dio, possiamo esaminare le emozioni e le azioni che abbiamo avuto quando abbiamo vissuto prove particolari e delle difficoltà. Noi stessi possiamo verificare quanto ed in quale misura curiamo il vero amore, controllando se davvero gioiamo e ringraziamo o meno dal profondo del nostro cuore e se seguiamo o meno continuamente la volontà di Dio.

Se ci lamentiamo e proviamo del risentimento per delle situazioni, se cerchiamo metodi mondani basandoci sulle altre persone, vuol dire che non abbiamo l'amore spirituale. Questo proverà solo che la nostra conoscenza di Dio è soltanto una conoscenza razionale e mentale, ma non una conoscenza che abbiamo coltivato nei nostri cuori. Proprio come una banconota contraffatta che sembra vera ma in realtà è solo un pezzo di carta, l'amore che è solo conoscenza mentale e razionale non è vero amore. È senza alcun valore. Se il nostro amore per il Signore non cambia e se ci affidiamo a Dio in ogni situazione e per ogni tipo di disagio, allora possiamo dire che abbiamo coltivato il vero amore, che è l'amore spirituale.

"Ora dunque queste tre cose durano:

fede, speranza, amore;

ma la più grande di esse è l'amore".

1 Corinzi 13:13

Parte 2
L'amore come nel Capitolo Amore

Capitolo 1 : L'amore che Dio desidera

Capitolo 2 : Significato di Amore

Capitolo 3 : L'amore perfetto

L'amore che Dio desidera

"Se parlassi le lingue degli uomini e degli angeli,
ma non avessi amore,
sarei un rame risonante o uno squillante cembalo.
Se avessi il dono di profezia e conoscessi tutti
i misteri e tutta la scienza e avessi tutta la fede in modo da spostare
i monti, ma non avessi amore, non sarei nulla.
Se distribuissi tutti i miei beni per nutrire i poveri,
se dessi il mio corpo a essere arso, e non avessi amore,
non mi gioverebbe a niente".

1 Corinzi 13:1-3

Quello che segue è un fatto che ha avuto luogo in un orfanotrofio in Sudafrica. Dei bambini hanno iniziato ad ammalarsi uno ad uno e nessuno riusciva a trovare un motivo particolare che causasse le loro malattie. L'orfanotrofio ha invitato alcuni famosi medici a visitarli per formulare una diagnosi. Dopo una ricerca approfondita, i medici hanno detto, "Mentre sono svegli, ogni giorno abbracciate i bambini e coccolateli per dieci minuti".

Con loro grande sorpresa, questi bambini cominciarono a guarire da queste malattie che non avevano una causa apparente. La ragione delle loro malattie era da ritrovarsi nel bisogno che i bambini avevano, più di ogni altra cosa, del tepore dell'amore. Anche se non abbiamo preoccupazioni per le spese giornaliere e viviamo nell'abbondanza, senza amore perdiamo la speranza e la voglia di vivere. Possiamo, di fatto, affermare che l'amore è il fattore più importante nella nostra vita.

Importanza dell'amore spirituale

Il tredicesimo capitolo della 1 lettera ai Corinzi, che è chiamato il Capitolo dell'Amore, prima di spiegare in dettaglio cos'è l'amore spirituale, innanzitutto pone l'accento sull'importanza dell'amore. Se parlassimo le lingue degli uomini e degli angeli, ma non avessimo amore, saremmo un pezzo di rame risonante o uno squillante cembalo.

Le "lingue degli uomini" non è riferito al parlare in lingue, come in uno dei doni dello Spirito Santo. Si riferisce invece a tutte le lingue degli uomini che vivono sulla Terra, come l'inglese, il giapponese, il francese, il russo, ecc. La civiltà e la conoscenza sono ordinate in sistema e tramandate attraverso le lingue, e, quindi, possiamo dire che il potere del linguaggio è davvero grande. Con il linguaggio possiamo anche esprimere e mostrare le nostre emozioni ed i nostri pensieri in modo da persuadere o toccare i cuori di molti. Le lingue degli uomini hanno il potere di spostare le persone e realizzare molte cose.

Le "lingue degli angeli" è riferito alle parole meravigliose. Gli angeli sono esseri spirituali e rappresentano la "bellezza". Quando qualcuno parla usando belle parole con una bella voce, la gente li descrive come esseri angelici. Eppure, Dio dice anche che le parole eloquenti degli uomini o le belle parole degli angeli sono come un pezzo di ferro che fa rumore (1 Corinzi 13:1).

In realtà, un pezzo di acciaio o di rame pieno non emette rumore quando è colpito. Se un pezzo di rame emette un forte rumore, significa che è cavo all'interno o è sottile e leggero. I piatti emettono rumori forti perché sono fatti di un sottile pezzo di ottone. E lo stesso riferito agli uomini. Possiamo paragonarci ad una spiga piena di grano solo quando diventiamo veri figli e figlie di Dio riempiendo i nostri cuori di amore. Al contrario, coloro che non hanno l'amore sono come la pula vuota. Perché è così?

1 Giovanni 4:7-8 recita: *"Carissimi, amiamoci gli uni gli altri, perché l'amore è da Dio e chiunque ama è nato da Dio e conosce Dio. Chi non ama non ha conosciuto Dio, perché Dio è amore"*. Vale a dire, chi non ama non ha nulla a che fare con Dio, ed è proprio come la pula che non contiene grano.

Le parole di queste persone non hanno alcun valore anche se

sono belle ed eloquenti, perché non possono dare il vero amore o la vita per gli altri. Anzi, causano solo fastidio come il gong rumoroso o il tintinnio del cembalo, perché sono leggeri e vuoti dentro. D'altra parte, le parole che contengono amore hanno la straordinaria potenza di dare vita. Possiamo trovare tali prove nella vita di Gesù.

L'amore sostanziale dona vita

Un giorno Gesù stava insegnando al Tempio, e gli scribi ed i farisei portarono davanti a lui una donna colta nell'atto di commettere adulterio. Nemmeno un pizzico di compassione nei loro occhi.

Gli dissero: *"Maestro, questa donna è stata colta in flagrante adulterio. Ora Mosè, nella legge, ci ha comandato di lapidare tali donne; tu che ne dici?"* (Giovanni 8:4-5).

La Legge in Israele a quel tempo era la Parola, e, secondo la Legge di Dio, gli adulteri devono essere lapidati. Se Gesù avesse detto che dovevano lapidarla secondo la Legge, avrebbe significato che egli era in contraddizione con le sue stesse parole, perché insegnava al popolo ad amare anche i propri nemici. Se avesse detto di perdonarla, le sue parole sarebbero state chiaramente in violazione della legge e contro la Parola di Dio.

Gli scribi ed i farisei erano orgogliosi di aver escogitato un tranello così furbo, pensando che finalmente avrebbero avuto la possibilità di far cadere Gesù. Conoscendo bene i loro cuori, Gesù si chinò e scrisse qualcosa a terra con il suo dito. Poi, si alzò e disse loro: *"Chi di voi è senza peccato, scagli per primo la pietra contro di lei"* (Giovanni 8:7).

Gesù, chinatosi di nuovo, scrisse ancora una volta per terra con il suo dito, e le persone andarono via a uno a uno, e Gesù fu lasciato solo con la donna. Gesù ha salvato la vita di questa donna senza violare la legge.

Ciò che dicevano gli scribi e i farisei non era sbagliato perché semplicemente avevano riportato fedelmente ciò che dichiarava la Legge di Dio. Ma la motivazione nelle loro parole era molto diversa da quella di Gesù. Stavano cercando di danneggiare gli altri mentre Gesù stava cercando di salvare le anime.

Se abbiamo un cuore come quello di Gesù, pregheremo pensando a quali parole possano dare forza agli altri, guidandoli verso alla verità. Cercheremo di dare vita con ogni parola che pronunciamo. Alcune persone cercano di convincere gli altri con la Parola di Dio, o correggere i comportamenti degli altri, sottolineando le loro carenze ed i loro errori. Anche se queste parole sono corrette, non possono far cambiare gli altri o dare loro la vita, fino a quando queste parole non saranno pronunciate con amore.

Pertanto, dobbiamo sempre verificare in noi stessi se a parlare è la nostra ipocrisia ed il nostro modo di pensare o se le nostre parole sono pronunciate per amore nel dare vita agli altri. Piuttosto che parole dolci, una parola che contiene l'amore spirituale può diventare l'acqua della vita che placa la sete delle anime, e gioielli preziosi che danno gioia e conforto alle anime in pena.

L'amore dimostrato attraverso il proprio sacrificio

Generalmente il termine "profezia" si usa quando si parla di eventi futuri. In senso biblico è riferito al ricevere ciò che è nel cuore di Dio nell'ispirazione dello Spirito Santo per uno scopo specifico, e per parlare di eventi futuri. Profetizzare non è qualcosa che può essere fatta secondo la volontà degli uomini. 2 Pietro 1:21 dice: *"infatti nessuna profezia venne mai dalla volontà dell'uomo, ma degli uomini hanno parlato da parte di Dio, perché sospinti dallo Spirito Santo"*. Il dono della profezia non è dato casualmente e a chiunque. Dio non dà questo dono a una persona che non si è santificata, perché questo potrebbe farla diventare arrogante.

Il "dono della profezia", come è inteso nel capitolo dell'amore spirituale, non è un dono che viene dato solo ad alcune persone speciali. Ciò significa che chi crede in Gesù Cristo e dimora nella verità può prevedere e raccontare il futuro. Vale a dire, quando il Signore ritornerà nell'aria, quelli salvati saranno rapiti e parteciperanno al banchetto di nozze che durerà sette anni, mentre quelli che non saranno salvati soffriranno sette anni di grande tribolazione su questa terra e saranno gettati all'inferno dopo il giudizio del Grande Trono Bianco. Ma se anche tutti i figli di Dio avessero il dono della profezia nel "parlare di eventi futuri", non tutti avrebbero l'amore spirituale. Dopo tutto, se non hanno l'amore spirituale, questo li porterà a modificare il loro atteggiamento solo per ottenere il proprio interesse, e quindi il dono della profezia non porterà loro nessun beneficio. Il dono di per sé non può precedere né superare l'amore.

Il "mistero" qui, è riferito al segreto che fu nascosto prima dell'inizio del tempo, che è la predicazione della croce (1 Corinzi 1:18). La predicazione della croce è la provvidenza per la salvezza dell'uomo, stabilita da Dio prima dei secoli, nella sua sovranità. Dio sapeva che gli uomini avrebbero commesso peccati e sarebbero caduti sulla via della morte. Per questo motivo aveva preparato Gesù Cristo che sarebbe diventato il Salvatore ancora prima dell'inizio dei secoli. Fino a quando questa provvidenza non fu compiuta, Dio mantenne il segreto. Perché l'ha fatto? Se la via della salvezza fosse stata rivelata, non si sarebbe compiuta a causa dell'interferenza di Satana (1 Corinzi 2:6-8). Satana pensava che sarebbe stato in grado di mantenere per sempre l'autorità che aveva ricevuto da Adamo se avesse ucciso Gesù. Invece, proprio con la sua uccisione per mano di persone malvagie istigate da Satana, la via della salvezza si è compiuta! Tuttavia, anche se sappiamo che è un grande mistero, avere questa conoscenza non ci porterà nessun profitto se non abbiamo l'amore spirituale.

È lo stesso con la conoscenza. Qui il termine "ogni conoscenza" non si riferisce alla formazione accademica. Si riferisce alla conoscenza di Dio e della verità contenuta nei 66 libri della Bibbia. Appena conosciuto Dio attraverso la Bibbia, dovremmo anche incontrarlo e viverlo in prima persona e credere in Lui dal profondo del nostro cuore. In caso contrario, la conoscenza della Parola di Dio rimarrà solo come un pezzo di conoscenza nella nostra testa, utilizzandola, per esempio, in senso sfavorevole nel giudicare e condannare gli altri. Pertanto, la conoscenza senza amore spirituale non ci giova.

E se abbiamo una fede così grande, tale da spostare una montagna? Avere una grande fede non significa necessariamente avere un grande amore. Allora, perché una grande fede e un grande amore non coincidono esattamente? La fede può crescere vedendo i segni, i prodigi e le opere di Dio. Pietro ha visto molti segni e prodigi compiuti da Gesù e per questo motivo avrebbe potuto anche camminare, anche se solo per un attimo, sulle acque insieme a Gesù. Ma in quel momento, Pietro non aveva l'amore spirituale, perché non aveva ancora ricevuto lo Spirito Santo. Non aveva ancora circonciso il suo cuore liberandosi dai peccati. Così, non appena la sua vita fu minacciata, rinnegò Gesù tre volte.

Siamo in grado di capire perché la nostra fede può crescere con l'esperienza, ma l'amore spirituale entra nei nostri cuori solo quando avremo la forza, la devozione e ci sacrificheremo per liberarci dal peccato nel nostro cuore. Ciò non significa che non esiste una relazione diretta tra la fede e l'amore spirituale. Possiamo provare a scacciare i peccati e cercare di amare Dio e gli altri, perché abbiamo fede, ma senza le opere fatte per assomigliare realmente al Signore, senza coltivare il vero amore, il nostro lavoro per il regno di Dio non avrà nulla a che fare con Dio, non importa quanto fedeli cerchiamo di essere. Sarà proprio come ha detto Gesù: *"Allora dichiarerò loro: 'Io non vi ho mai conosciuti; allontanatevi da me, malfattori!'"* (Matteo 7:23).

L'amore che porta ricompense celesti

Di solito, verso la fine dell'anno, molte organizzazioni e singoli partecipano a campagne di raccolta fondi organizzate da canali radio-televisivi o da giornali per aiutare i bisognosi. Ora, cosa succede se i loro nomi non sono menzionati dal giornale o dall'emittente? Le probabilità che da parte loro non ci saranno altre donazioni sono alte.

Gesù disse in Matteo 6:1-2: *"Guardatevi dal praticare la vostra giustizia davanti agli uomini, per essere osservati da loro; altrimenti non ne avrete premio presso il Padre vostro che è nei cieli. Quando dunque fai l'elemosina, non far suonare la tromba davanti a te, come fanno gli ipocriti nelle sinagoghe e nelle strade, per essere onorati dagli uomini. Io vi dico in verità che questo è il premio che ne hanno".* Se aiutiamo gli altri solo per il nostro prestigio, potremmo essere stimati dagli uomini per quel momento, ma non riceveremo alcuna ricompensa da parte di Dio.

Questa generosità servirà solo per la propria soddisfazione o per farsene un vanto. Se una persona fa opera di carità solo per formalità, il suo cuore sarà innalzato sempre più man mano che incrementa le sue preghiere. Se Dio benedicesse queste persone, le stesse potrebbero considerarsi adeguate agli occhi di Dio, ma se poi non circoncidono il proprio cuore, questo arrecherebbe loro danno. Se fate opere di carità con amore per chi vi è vicino, non dovete preoccuparvi se altre persone se ne accorgono o meno. Questo perché credi che Dio Padre, che vede ciò che fai nel segreto, ti ricompenserà (Matteo 6:3-4).

Fare opere di carità nel nome del Signore non significa solo soddisfare bisogni fondamentali della vita come donare vestiti, cibo e alloggio. Si tratta piuttosto di fornire il pane spirituale per salvare le anime. Oggi molti affermano, sia tra i credenti che tra i non credenti, che il ruolo della chiesa è quello di aiutare i malati, gli emarginati e i poveri. Questo ovviamente non è sbagliato, ma i primi doveri della chiesa sono il predicare il Vangelo e salvare le anime in modo che possano ottenere la pace spirituale. L'obiettivo finale delle opere di carità sta in questi obiettivi.

Pertanto, quando aiutiamo gli altri, è molto importante fare una corretta opera di carità per ricevere la guida dello Spirito Santo. Se un aiuto improprio è dato a una certa persona, potrebbe essere più facile per quella stessa persona allontanarsi ancor di più da Dio e nel peggiore dei casi, lo potrebbe anche condurre sulla via della morte. Ad esempio, se aiutiamo coloro che sono diventati poveri a causa dell'alcool e del gioco d'azzardo o coloro che hanno violato la volontà di Dio, in questo caso il nostro aiuto peggiorerà soltanto la loro condizione. Naturalmente questo non significa che non dobbiamo aiutare coloro che non sono credenti. Dovremmo aiutare i miscredenti, fornendo loro l'amore di Dio. Non dobbiamo tuttavia dimenticare che lo scopo principale delle opere di carità è la diffusione del Vangelo.

Nel caso di nuovi credenti con fede debole, è imperativo per noi aiutarli a rafforzarsi, fino a quando la loro fede crescerà. A volte anche tra coloro che hanno fede, ci sono alcuni che hanno infermità congenite o malattie, altri che hanno avuto incidenti che impediscono loro di fare una vita autonoma. Ci sono anche anziani che vivono da soli o bambini che devono sostenere la propria famiglia in assenza dei genitori. Queste persone potrebbero avere un disperato bisogno di opere di carità. Se aiutiamo queste persone che hanno un bisogno reale, Dio farà prosperare la nostra anima e farà in modo che tutto ci andrà bene.

In Atti capitolo 10, Cornelio era un uomo a cui Dio aveva riservato grande benedizione. Cornelio temeva Dio e aveva aiutato molto il popolo ebraico. Era un centurione, un ufficiale alto in grado dell'esercito di occupazione in Israele. Nella sua situazione deve essere stato molto difficile per lui aiutare la popolazione locale. Gli ebrei guardavano a ciò che faceva con prudenza e sospetto, ed anche i suoi colleghi criticavano ciò che faceva, ma siccome temeva Dio non smise di fare buone opere e carità. Dio vide tutte le sue opere, ed alla fine mandò Pietro dalla sua famiglia in modo che, non solo la sua famiglia diretta, ma tutti coloro che erano con lui nella sua casa ricevettero lo Spirito Santo e la salvezza.

Con l'amore spirituale non vanno compiute solo opere di carità ma anche offerte a Dio. In Marco 12, leggiamo di una vedova che è stata elogiata da Gesù per aver fatto un'offerta con tutto il suo cuore. Diede solo due monete di rame, che era tutto quello che aveva per vivere. Allora, perché Gesù la elogiò? Matteo 6:21 dice: *"Perché dov'è il tuo tesoro, lì sarà anche il tuo cuore"*. Come già detto, la vedova che donò tutto il denaro che possedeva, aveva davvero un cuore rivolto verso Dio. Quella era l'espressione diretta del suo amore per Dio. Al contrario, le offerte date a malincuore o con consapevolezza degli atteggiamenti e delle opinioni delle altre persone, non piacciono a Dio. Di conseguenza, tali offerte non portano nessun beneficio a chi le fa.

Parliamo ora del sacrificarsi. "cedere il mio corpo per essere bruciato" qui significa "sacrificarsi completamente". Di solito i sacrifici sono fatti per amore, ma possono essere fatti anche senza. Allora, quali sono i sacrifici compiuti senza amore?

Lamentarsi dopo aver compiuto le opere di Dio è un esempio

di sacrificio senza amore. Ciò avviene quando avete speso tutte le vostre forze, tempo e denaro per l'opera del Signore ma nessuno vi riconosce il lavoro fatto e quindi vi sentite dispiaciuti e vi lamentate per questo. È quando vedete i vostri fratelli che lavorano con voi e sentite che non sono poi così zelanti come voi, però sostengono di amare Dio e il Signore con l'amore spirituale. Potete dire a voi stessi che essi sono pigri, ma alla fine è solo il vostro giudizio, il vostro modo di condannarli. Questo atteggiamento rivela segretamente il desiderio di vedere i vostri meriti evidenziati dagli altri, di essere lodati da loro e di vantarsi con arroganza della propria fedeltà. Questo tipo di sacrificio può spezzare la pace tra le persone e causare dolore al cuore di Dio. Ecco come un sacrificio senza amore non produce niente.

Non potete lamentarvi esteriormente con le parole. Se nessuno riconosce le vostre opere fedeli, vi scoraggerete e penserete che siete delle nullità ed il vostro zelo per il Signore comincerà a raffreddarsi. Se qualcuno vi fa notare difetti e punti deboli nelle opere che avete compiuto con tutte le vostre forze, che sono state fatte fino al punto di sacrificare voi stessi, rischierete di perdere il vostro cuore e biasimerete chi vi ha criticato. Quando qualcuno porta più frutti e viene lodato e favorito, si diventa gelosi e invidiosi di questa persona. Quindi non importa quanto siete stati fedeli e ferventi, voi non potrete veramente gioire dentro voi stessi, arrivando anche rinunciare ai vostri doveri.

C'è chi è più zelante solo quando sono osservati. Quando non sono notati dagli altri, anche per lungo tempo, diventano pigri e compiono le loro opere a caso o in modo improprio. Piuttosto che impegnarsi in opere non visibili dal di fuori, cercano solo di realizzarne di ben visibili agli altri. Tutto ciò accade a causa del loro desiderio di mettere se stessi in mostra agli occhi dei propri superiori e della maggior parte delle persone, e di essere da queste lodato.

Quindi, se una persona ha fede, come potrebbe sacrificarsi senza essere piena di amore? È perché non ha l'amore spirituale. Manca il senso di appartenenza a credere nel proprio cuore che quello che è di Dio appartiene a loro e ciò che appartiene a loro è di Dio.

Ad esempio, confrontiamo i casi in cui un agricoltore lavora il proprio campo e un contadino lavora il campo di un altro che gli paga il salario. Quello che lavora il proprio campo vanga la terra dalla mattina fino a tarda sera. Non salta nessuna delle attività agricole necessarie e fa tutto il lavoro che è richiesto. Quando invece un contadino viene assunto per lavorare in un campo che appartiene ad un'altra persona, non spende tutte le sue energie nel suo lavoro, ma piuttosto aspetta che il sole tramonti il più presto possibile in modo da poter ricevere il suo salario e tornare a casa. Lo stesso principio vale per il regno di Dio. Se le persone non hanno l'amore per Dio nel loro cuore, lavoreranno per Lui superficialmente come braccianti che vogliono solo il loro stipendio lamentandosi a gran voce se non ricevono il salario che si aspettavano.

Ecco perché in Colossesi 3:23-24 si legge: *"Qualunque cosa facciate, fatela di buon animo, come per il Signore e non per gli uomini, sapendo che dal Signore riceverete per ricompensa l'eredità. Servite Cristo, il Signore!"* Aiutare gli altri e sacrificare se stessi senza l'amore spirituale non ha nulla a che fare con Dio, il che significa che non possiamo ricevere alcuna ricompensa da Dio (Matteo 6:2).

Se vogliamo sacrificarci con cuore sincero, dobbiamo avere l'amore spirituale nel nostro cuore. Se il nostro cuore è pieno di vero amore, possiamo continuare a dedicare la nostra vita al Signore con tutto quello che abbiamo, che gli altri lo riconoscano o meno. Nell'Antico Testamento, quando i sacerdoti uccidevano un animale per offrirlo a Dio come sacrificio espiatorio, versavano il suo sangue e bruciavano il suo grasso sul fuoco dell'altare. Il nostro Signore Gesù, proprio come l'animale offerto come vittima di espiazione per i nostri peccati, versò le ultime gocce del suo sangue e della sua acqua per redimere tutti gli uomini dai loro peccati. Egli ci ha mostrato un esempio di vero sacrificio.

Perché il suo sacrificio è stato efficace per far guadagnare a molte anime la salvezza? Perché è stato fatto con amore perfetto. Gesù ha completato la volontà di Dio, fino al punto di sacrificare la sua vita. Ha pregato fino all'ultimo momento della sua crocifissione, chiedendo intercessione per le anime (Luca 23:34). Per questo vero sacrificio, Dio lo sollevò e gli diede la posizione più gloriosa in cielo.

Così, Filippesi 2:9-10 dice: *"Perciò Dio lo ha sovranamente innalzato e gli ha dato il nome che è al di sopra di ogni nome, affinché nel nome di Gesù si pieghi ogni ginocchio nei cieli, sulla terra, e sotto terra"*.

Se ci liberiamo dall'avidità e dai desideri impuri e sacrifichiamo noi stessi con un cuore puro come quello di Gesù, Dio ci esalterà e ci condurrà in posizioni più elevate. Il nostro Signore promette in Matteo 5:8, *"Beati i puri di cuore, perché vedranno Dio"*.

Quindi, noi riceveremo la benedizione di essere in grado di vedere Dio faccia a faccia.

L'amore che va oltre la giustizia

Il pastore Yang Won Sohn è chiamato "la bomba atomica dell'amore" e ci ha mostrato un esempio di sacrificio fatto con vero amore. Si è preso cura dei lebbrosi con tutte le sue forze ed è stato anche imprigionato per aver rifiutato di venerare gli idoli dei santuari giapponesi durante il dominio giapponese in Corea. Nonostante il suo lavoro dedicato a Dio, la sua vita è stata toccata da eventi sciocanti. Nell'ottobre del 1948, due dei suoi figli sono stati uccisi dai soldati comunisti durante una ribellione contro le autorità di governo.

Le persone comuni si sarebbero lamentate di Dio dicendo: "Se Dio è vivo, come può fare questo a me?", invece lui fu grato per il martirio subito dai suoi due figli che ora erano in Cielo a fianco del Signore. Inoltre, non solo ha perdonato il ribelle responsabile dell'uccisione dei suoi figli, ma addirittura lo ha adottato come suo figlio. Rese grazie a Dio in nove punti durante il funerale dei suoi figli. L'elogio funebre – riportato nel prossimo paragrafo – toccò profondamente il cuore di tante persone.

"Prima di tutto, rendo grazie per i miei figli che sono diventati martiri, anche se nati dalla mia linea di sangue e nonostante io sia pieno di iniquità.

Secondo, rendo grazie a Dio che ha donato questi uomini di

valore alla mia famiglia, tra le tante famiglie credenti.

Terzo, rendo grazie per il sacrificio di entrambi, il mio primogenito e il mio secondogenito, che erano i più belli tra i miei tre figli e le mie tre figlie.

Quarto, è difficile avere un figlio che diventa un martire, ma per me, averne due che lo sono diventati, è motivo per rendere grazie.

Quinto, è una benedizione morire in pace con la fede nel Signore Gesù, e rendo grazie perché hanno ricevuto la gloria del martirio essendo stato uccisi mentre predicavano il Vangelo.

Sesto, si stavano preparando per andare negli Stati Uniti a studiare, e ora sono andati nel Regno dei Cieli, che è un posto molto migliore rispetto agli Stati Uniti. Sono sollevato e per questo rendo grazie.

Settimo, rendo grazie a Dio che mi ha permesso di adottare come mio figlio il nemico che ha ucciso i miei figli.

Ottavo, rendo grazie perché credo ci saranno frutti abbondanti del cielo attraverso il martirio dei miei due figli.

Nono, rendo grazie a Dio che mi ha permesso di realizzare l'amore di Dio per essere in grado di gioire anche in questo momento difficile e di disagio".

Per prendersi cura dei malati, il pastore Yang Won Sohn non abbandonò il suo paese durante la guerra di Corea. Anche lui fu martirizzato dai soldati comunisti. Si prese cura dei malati completamente trascurati da tutti, e agì con bontà verso colui che aveva ucciso i suoi figli. Poteva sacrificare se stesso nel modo in cui l'ha fatto perché era pieno di vero amore per Dio e per le altre anime.

In Colossesi 3:14, Dio ci dice: *"Al di sopra di tutte queste cose rivestitevi dell'amore che è il vincolo della perfezione"*. Anche se parliamo con belle parole angeliche, anche se abbiamo la capacità di profetizzare e la fede per spostare una montagna o se sacrifichiamo noi stessi per coloro che hanno bisogno, dobbiamo comprendere che le opere non sono qualcosa di perfetto agli occhi di Dio, fintanto che vengono compiute senza il vero amore. Ora, cerchiamo di approfondire ogni significato contenuto nel vero amore per entrare nella illimitata dimensione dell'amore di Dio.

Significato di Amore

*"L'amore è paziente, è benevolo; l'amore non invidia;
l'amore non si vanta, non si gonfia,
non si comporta in modo sconveniente,
non cerca il proprio interesse, non s'inasprisce,
non addebita il male, non gode dell'ingiustizia,
ma gioisce con la verità; soffre ogni cosa, crede ogni cosa,
spera ogni cosa, sopporta ogni cosa".*
1 Corinzi 13:4-7

In Matteo 24, troviamo una scena in cui Gesù piange guardando Gerusalemme, sapendo che il suo tempo era vicino. Doveva essere appeso sulla croce nella provvidenza di Dio, ma quando pensava del disastro che sarebbe caduto sugli ebrei e Gerusalemme, Egli non poteva che piangere. I discepoli si chiedevano perché, e gli posero una domanda: *"Dicci, quando avverranno queste cose e quale sarà il segno della tua venuta e della fine dell'età presente?"* (v. 3).

Quindi, Gesù raccontò loro di molti segni e con rammarico disse che l'amore si sarebbe raffreddato: *"Poiché l'iniquità aumenterà, l'amore dei più si raffredderà"* (v. 12).

Oggi, si può certamente sentire che l'amore della gente si è raffreddato. Molte persone cercano l'amore, ma non sanno cosa sia il vero amore, e cioè l'amore spirituale. Non possiamo avere il vero amore solo perché lo vogliamo. Possiamo guadagnarcelo appena l'amore di Dio entra nei nostri cuori, iniziare a capire che cosa è per poi cominciare a liberare il nostro cuore dal male.

In Romani 5:5 leggiamo: *"Or la speranza non delude, perché l'amore di Dio è stato sparso nei nostri cuori mediante lo Spirito Santo che ci è stato dato"*. Quindi, possiamo sentire l'amore di Dio nei nostri cuori attraverso lo Spirito Spirito.

Dio ci parla delle caratteristiche dell'amore spirituale nella 1 lettera ai Corinzi 13:4-7. I figli di Dio sono tenuti ad imparare e a mettere in pratica queste caratteristiche in modo da diventare dei messaggeri di amore capaci di far sentire agli altri l'amore spirituale.

1. L'amore è paziente

Se ad una persona manca la pazienza tra tutte le caratteristiche dell'amore spirituale, può facilmente scoraggiare gli altri. Supponiamo che un supervisore dia un certo lavoro a qualcuno e che questa persona non svolga il lavoro assegnatogli in modo corretto. Il supervisore dà immediatamente il lavoro da finire a qualcun altro. La persona a cui in origine fu affidato il compito potrebbe cadere nella disperazione, non essendo stata datale una seconda possibilità per fare bene ciò che non aveva fatto. Dio ha indicato la "pazienza" come la prima caratteristica dell'amore spirituale, perché è la caratteristica base per la coltivazione dell'amore spirituale. Se abbiamo l'amore, l'attesa non ci annoierà.

Una volta compreso l'amore di Dio, cerchiamo di condividere questo amore con le persone intorno a noi. A volte, quando cerchiamo di amare gli altri in questo modo, otteniamo reazioni avverse da alcuni di loro, che possono davvero spezzare il nostro cuore o causarci grandi perdite. Quindi, queste persone non appariranno più ai nostri occhi come amabili, e non saremo più in grado di comprenderle nel migliore dei modi. Per avere l'amore spirituale, dobbiamo cercare di essere pazienti con loro ed amare anche queste persone. Anche se ci calunniano, ci odiano, o cercano di metterci in difficoltà senza alcuna ragione, dobbiamo controllare la nostra mente, essere pazienti e amarle.

Un membro della chiesa una volta mi ha chiesto di pregare per la moglie che era depressa. Mi disse anche che era un ubriacone e che quando iniziò a bere divenne una persona completamente differente, rendendo la vita difficile a tutti membri della sua famiglia. Sua moglie, invece, era sempre molto paziente con lui e cercava di coprire la sua colpa con amore. Ma le sue abitudini non cambiarono, e con il passare del tempo divenne un alcolizzato; sua moglie perse il vigore per la vita e fu sopraffatta dalla depressione.

Aveva reso la vita difficile alla sua famiglia a causa del suo problema con l'alcool, ma ora era da me per ricevere le mie preghiere perché amava ancora sua moglie. Dopo aver ascoltato la sua storia, gli dissi: "Se davvero ami tua moglie, è così difficile smettere di fumare e di bere?" Non disse nulla e traspariva in lui una chiara mancanza di fiducia in se stesso. Provavo dispiacere per la sua famiglia, ed ho pregato per loro. Ho pregato anche per la moglie, affinché guarisse dalla depressione, e per lui affinché trovasse la forza per smettere di bere e fumare. La potenza di Dio fu incredibile! Dopo che ho pregato per lui, fu in grado di smettere di pensare al bere. Prima di allora non c'era stato modo di allontanarlo dall'alcool, cosa che gli è riuscita dopo aver ricevuto le mie preghiere. Anche la moglie guarì dalla depressione.

Essere paziente è l'inizio dell'amore spirituale

Per coltivare l'amore spirituale, abbiamo bisogno di essere pazienti con gli altri in ogni situazione. Essere perseveranti vi procura disagio o, come nel caso della moglie nella storia, vi scoraggiate se siete stati pazienti per lungo tempo e la situazione non cambia per il meglio? Prima di dare la colpa alle circostanze o agli altri, in primo luogo dobbiamo controllare il nostro cuore. Se abbiamo coltivato la verità nel nostro cuore approfonditamente, non vi è alcuna situazione in cui non possiamo essere pazienti. Vale a dire, se non siamo in grado di essere pazienti, significa che nel nostro cuore abbiamo ancora malvagità – che è menzogna – nella stessa misura in cui ci manca la pazienza.

Essere pazienti significa essere pazienti con noi stessi e con tutte le difficoltà che incontriamo quando cerchiamo di mostrare il vero amore. Ci potrebbero essere situazioni difficili quando cerchiamo di amare tutti in obbedienza alla Parola di Dio, ed è la pazienza dell'amore spirituale ad essere paziente in tutte quelle situazioni.

Questa pazienza è diversa dalla pazienza di uno dei nove frutti dello Spirito Santo descritta in Galati 5:22-23. Ma in cosa è diversa? La "pazienza", che è uno dei nove frutti dello Spirito Santo, ci spinge a essere pazienti in ogni cosa per il regno e la giustizia di Dio, mentre la pazienza dell'amore spirituale porta ad essere pazienti nel coltivare l'amore spirituale, e, quindi, ha uno più stretto e specifico significato. Possiamo dire che è parte intima alla pazienza che è uno dei nove frutti dello Spirito Santo.

Oggi, le persone con estrema facilità fanno causa agli altri anche per danni minimi causati alle loro proprietà o al loro benessere. C'è una marea di cause legali tra le persone. Molte riguardano mariti e mogli e genitori e figli. Se si ha pazienza con gli altri, la gente potrebbe persino deriderci dicendo che siamo pazzi. Ma cosa dice Gesù?

In Matteo 5:39 leggiamo: *"Ma io vi dico: non contrastate il malvagio; anzi, se uno ti percuote sulla guancia destra, porgigli anche l'altra;"* e in Matteo 5:40, *"e a chi vuol farti causa e prenderti la tunica, lasciagli anche il mantello"*.

Gesù ci dice non solo di non ripagare il male con il male, ma di essere pazienti. Ci dice anche di fare del bene verso quelli che ci fanno del male. Potremmo pensare: "Come possiamo fare del bene verso loro se siamo così arrabbiati e feriti?" Se abbiamo fede e amore, siamo più che in grado di farlo. È la fede nell'amore di Dio che ci ha dato il Suo unigenito Figlio come vittima sacrificale di espiazione per i nostri peccati. Se crediamo che abbiamo ricevuto questo tipo di amore, allora possiamo perdonare anche quelli che ci hanno causato grandi sofferenze e ferite. Se amiamo Dio che ci ha amati fino al punto di darci il suo unigenito Figlio, e se amiamo il Signore che ha dato la sua vita per noi, saremo in grado di amare chiunque.

Pazienza senza limiti

Alcune persone reprimono l'odio, la rabbia, o il temperamento e altre emozioni negative fino a quando alla fine raggiungono il limite della loro pazienza ed esplodono. Alcune persone introverse non riescono ad esprimersi facilmente e soffrono nei loro cuori; tutto questo causa condizioni di salute sfavorevoli provocate da stress eccessivo. Tale pazienza è proprio come comprimere una molla di metallo verso il basso con le mani: se togli le mani, la molla salterà.

Il tipo di pazienza che Dio vuole che noi abbiamo è quella che ci porta ad essere pazienti fino alla fine senza alcun cambiamento di atteggiamento. Per essere più precisi, se abbiamo questo tipo di pazienza, non avremmo nemmeno bisogno di "essere pazienti".

Non memorizzeremo neanche l'odio e il risentimento nei nostri cuori, ma rimuoveremo la natura originaria del male che provoca sentimenti così duri e la trasformeremo in amore e compassione. Questa è l'essenza del significato spirituale della pazienza. Se non abbiamo alcun male nel nostro cuore, ma solo l'amore spirituale in pienezza, non sarà difficile amare anche i nostri nemici. In realtà, non consentiremo che si sviluppi in noi una qualsiasi inimicizia.

Se il nostro cuore è pieno di odio, conflitti, invidie e gelosia, per prima cosa vedremo solo i punti negativi delle altre persone, anche se in realtà sono di buon cuore. È come quando indossiamo gli occhiali da sole e tutto sembra più scuro. D'altra parte, però, se i nostri cuori sono pieni di amore, allora anche le persone malvagie, sembreranno belle nel guardarle. Non importa quale carenza, difetto, colpa o debolezza possano avere, noi non li odieremo. Anche se ci odiano e agiscono con malvagità nei nostri confronti, noi non daremo loro odio in cambio.

La pazienza era nel cuore di Gesù che "non frantuma la canna rotta e non spege il lucignolo fumante". Era nel cuore di Stefano che ha pregato anche per coloro che lo stavano lapidando dicendo: *"Signore, non imputare loro questo peccato"* (Atti

La pazienza come nei nove frutti dello Spirito Santo	1. È abbandonare tutte falsità e coltivare il cuore con la verità 2. È capire gli altri, cercare il loro beneficio ed ssere in pace con loro 3. È ricevere risposte alle preghiere, la salvezza, e le cose che Dio ha promesso

7:60). Lo lapidarono solo per aver predicato loro il vangelo. È stato difficile per Gesù amare i peccatori? Niente affatto, perché il suo cuore è la verità stessa.

Un giorno Pietro pose a Gesù una domanda. *"Signore, quante volte perdonerò mio fratello se pecca contro di me? Fino a sette volte?"* (Matteo 18:21). E Gesù a lui: *"Non ti dico fino a sette volte, ma fino a settanta volte sette"* (v. 22).
Questo non significa che si deve perdonare solo settanta volte sette, ossia 490 volte. Sette in senso spirituale simboleggia la perfezione. Pertanto, perdonare settanta volte sette rappresenta il perdono perfetto. Possiamo sentire l'amore e il perdono senza limiti di Gesù.

Pazienza che compie l'Amore Spirituale

Certo non è facile trasformare il nostro odio in amore dal giorno alla notte. Dobbiamo essere pazienti a lungo e senza sosta. Nella Lettera agli Efesini 4:26 si legge: *"Adiratevi e non peccate; il sole non tramonti sopra la vostra ira"*.
L'"essere adirati" è riferito a coloro che hanno una fede debole. Dio sta dicendo a quelle persone che, anche se si arrabbiano a causa della loro mancanza di fede, non devono nutrire la loro rabbia fino al tramonto, vale a dire "a lungo", ma lasciare che questi sentimenti vadano via. All'interno della personale misura della fede di ciascuno, anche quando una persona sente che dal suo cuore aumentano il rancore e sale la rabbia, se tentasse di intrecciare quei sentimenti con pazienza e sopportazione,

potrebbe cambiare il suo cuore nella verità ed a quel punto l'amore spirituale crescerà poco a poco nel suo cuore.

Per quanto riguarda la natura peccaminosa che ha messo radici nel profondo dei cuori, una persona può liberarsene pregando con fervore e con la pienezza dello Spirito Santo. È molto importante cercare di guardare le persone che non ci piacciono con favore e mostrare loro atti di bontà. Se lo facciamo, l'odio nel nostro cuore sparirà presto, e saremo quindi in grado di amarli. Non avremo più conflitti e non odieremo più nessuno. Saremo anche in grado di vivere una vita felice come in cielo proprio come disse il Signore: *"'Eccolo qui', o 'Eccolo là'; perché, ecco, il regno di Dio è in mezzo a voi"* (Luca 17:21).

La gente dice che essere felici è come essere in Cielo. Allo stesso modo, "il Regno dei Cieli che è in mezzo a voi", si riferisce a voi che vi siete stati liberati di tutte falsità e che avete riempito il vostro cuore con la verità, l'amore e la bontà. Quindi non c'è bisogno di essere pazienti, perché siete sempre felici, gioiosi, pieni di grazia, e perché amate tutti quelli che sono intorno a voi. Quanto più ci si libera del male e si compie del bene, meno sarà necessario essere paziente. Quanto più realizzerete l'amore spirituale, più non dovrete essere poi pazienti sopprimendo i vostri sentimenti; sarete in grado di aspettare con pazienza e pacificamente che gli altri cambino con amore.

In cielo non ci sono lacrime, dolori e pene perché non c'è alcun male, ma solo la bontà e l'amore del Cielo, non si odia nessuno, non ci si arrabbia e non si è irascibili contro chiunque. Quindi, non sarà necessario frenare e controllare le vostre emozioni. Naturalmente il nostro Dio non ha bisogno di essere paziente in ogni momento, perché lui stesso è l'amore. La ragione per cui la Bibbia dice che "l'amore è paziente" è perché, in quanto uomini, abbiamo un'anima e pensieri racchiusi in un quadro mentale. Dio vuole aiutare le persone a capire. Quanto più si abbandona la via del male per compiere del bene, sempre meno sarà necessario essere pazienti.

Trasformare il nemico in un amico con la pazienza

Abramo Lincoln, il sedicesimo Presidente degli Stati Uniti, e Edwin Stanton non erano in buoni rapporti quando entrambi erano avvocati. Stanton proveniva da una famiglia ricca e aveva ricevuto una buona educazione. Il padre di Lincoln era un povero calzolaio che non aveva nemmeno finito la scuola elementare. Stanton derideva sempre Lincoln usando parole dure, ma Lincoln non si arrabbiava mai, e non ha mai replicato con animosità.

Dopo la sua elezione a presidente, Lincoln nominò Stanton alla carica di Segretario della Guerra, che era una delle posizioni più importanti del suo governo perché sapeva che Stanton era la persona giusta. Più tardi, quando Lincoln fu ucciso nel teatro Ford, molte persone scapparono per mettersi in salvo, ma Stanton corse dritto verso Lincoln e lo tenne tra le sue braccia. Con gli occhi pieni di lacrime, disse: "Qui giace l'uomo più grande che il mondo abbia mai avuto, il più grande leader della storia".

La pazienza nell'amore spirituale può fare miracoli, trasformando i nemici in amici. In Matteo 5:45 leggiamo: *"Affinché siate figli del Padre vostro che è nei cieli; poiché egli fa levare il suo sole sopra i malvagi e sopra i buoni, e fa piovere sui giusti e sugli ingiusti"*.

Dio è paziente anche con quelle persone che fanno del male, desiderando che anche loro cambino prima o poi. Se trattiamo le persone malvagie con il male, vuol dire che anche noi siamo malvagi, ma se siamo pazienti e li amiamo cercando Dio che ci ricompenserà, alla fine riceveremo un posto nella più bella dimora in Paradiso (Salmo 37:8-9).

2. L'amore è benevolo

Tra le favole di Esopo c'è una storia che parla di sole e di vento. Un giorno il sole e il vento fecero una scommessa su chi sarebbe stato il primo a togliere il soprabito del primo che fosse passato. Il vento iniziò per primo, gonfiandosi trionfalmente mandando una raffica di vento talmente forte da far cadere un albero, ma l'uomo si avvolse ancor più strettamente nel suo cappotto. Poi toccò al sole, che con un sorriso sul suo volto, delicatamente mandò un caldo raggio di luce. Appena iniziò a fare caldo, l'uomo si sentì accaldato e subito si tolse il soprabito.

Questa storia ci offre una buona lezione. Il vento ha cercato di costringere l'uomo a togliersi la giacca, ma il sole ha fatto si che l'uomo si togliesse il cappotto volontariamente. La gentilezza è qualcosa di simile. La gentilezza è toccare gentilmente guadagnando il cuore degli altri non con la forza fisica, ma con la bontà e con l'amore.

La gentilezza accetta qualsiasi tipo di persona

Chi ha bontà può accettare qualsiasi persona, e molti possono riposare al suo fianco. Una definizione di bontà dal dizionario italiano è "la qualità o lo stato di essere gentili" ed essere gentili significa avere una natura tollerante. Se si pensa ad un pezzo di cotone, si può capire meglio la gentilezza. Il cotone non fa alcun rumore anche quando altri oggetti lo urtano, ma non fa altro che abbracciare tutti gli altri oggetti.

Inoltre, una persona gentile è come un albero sotto il quale molte persone possono riposare. Se si va sotto un grande albero in una calda giornata estiva per evitare il sole cocente, ci si sente molto meglio e più freschi. Allo stesso modo, se avete un cuore gentile, molte persone vorranno starvi intorno per trovare riposo e frescura alla vostra presenza.

Di solito, quando un uomo è talmente gentile e mite da non arrabbiarsi con qualcuno che gli dà fastidio, e non insiste sulle proprie opinioni, si dice che è una persona mite e gentile. Ma non importa quanto è lieve e mite: se la sua bontà non è riconosciuta da Dio, non può essere considerato davvero mite. Ci sono persone che obbediscono agli altri solo perché per natura sono deboli e conservativi, e persone che soffocano la loro rabbia anche se hanno la mente sconvolta a causa di chi gli fa vivere momenti difficili e duri. Queste persone non possono essere considerate gentili. Le persone che nel proprio cuore non hanno alcun male ma solo amore, accettano e sopportano le persone malvagie con mitezza spirituale.

Dio vuole gentilezza spirituale

La gentilezza spirituale è il risultato della pienezza dell'amore spirituale priva di ogni male. Con questa gentilezza spirituale non vi porrete contro nessuno, sarete in grado di accettare tutti, anche i farabutti. Inoltre, sopporterete perché siete saggi. Ma dobbiamo ricordare che non possiamo essere considerati gentili solo perché comprendiamo e perdoniamo incondizionatamente gli altri o perché siamo sempre gentili con tutti. Quindi, la persona spirituale non è solo gentile, ma anche saggia e retta. Per essere più precisi, deve avere umiltà nel cuore così come generosità virtuosa verso il prossimo.

Anche se abbiamo il cuore pieno di bontà, privo di malvagità, se abbiamo solo dolcezza, questa da sola non può farci abbracciare ed influenzare positivamente il prossimo. Così, quando possediamo dentro di noi la gentilezza che si manifesta anche verso l'esterno, riuscendo a mostrare un carattere generoso e virtuoso, la nostra gentilezza si perfeziona, potendo mostrare un maggiore potere. Se possediamo la generosità con un cuore gentile, saremo in grado di guadagnarci il cuore di molte persone e realizzare molte più cose.

Si può dimostrare vero amore per il prossimo quando si hanno bontà e gentilezza nel cuore, la pienezza della compassione, la generosità virtuosa che ci porta a guidare gli altri sulla retta via e quindi, condurre molte anime sulla via della salvezza, che è la via giusta. La gentilezza chiusa dentro di noi non può brillare di luce propria senza la generosità virtuosa verso il prossimo. Ora vediamo cosa occorre fare per coltivare la bontà interiore.

Lo standard per misurare la bontà interiore è la santificazione

Al fine di praticare la gentilezza, prima di tutto, dobbiamo liberare il nostro cuore dal male e santificarci. Un cuore gentile è come il cotone, e se anche qualcuno si comporta in modo aggressivo, non produce alcun suono ma avvolge con un abbraccio. Una persona che ha un cuore gentile non è malvagia e non ha nessun conflitto con gli altri, ma se il nostro cuore è pieno di odio, di gelosia ed invidia, o se abbiamo un cuore indurito ed arrogante, sarà difficile accettare gli altri.

Se una pietra cade e colpisce un'altra pietra o un oggetto metallico pieno, fa rumore e rimbalza. Allo stesso modo, se il nostro ego carnale è ancora vivo, mostriamo il nostro disagio anche di fronte al più piccolo dei malesseri. Quando qualcuno è conosciuto come persona che ha carenza di carattere insieme ad altri difetti, non possiamo coprirla, proteggerla o capirla, ma, al contrario, avremo la tendenza a giudicarla, condannarla, sparlarne e calunniarla. Questo vuol dire che noi siamo come una piccola imbarcazione, che trabocca se si prova a metterci dentro qualcos'altro.

È come un piccolo cuore pieno di tante cose sporche che non ha più spazio per accettarne altre. Ad esempio, potremmo offenderci se gli altri ci fanno notare i nostri errori o, quando vediamo gli altri che sussurrano, potremmo pensare che stanno parlando di noi, chiedendoci cosa stiano dicendo, o semplicemente giudicare gli altri solo perché ci hanno guardato con superficialità.

Non avere il male nel cuore è la condizione di base per coltivare la gentilezza. La ragione è che quando non c'è il male possiamo apprezzare gli altri nel nostro cuore e possiamo guardarli con gli occhi pieni di bontà e amore. Una persona gentile guarda gli altri con misericordia e compassione, sempre, senza alcuna intenzione di giudicare o condannare; cerca solo di capire gli altri con amore e bontà, e il calore che questo genera, scioglierà il cuore delle persone malvagie.

È particolarmente importante che coloro che insegnano e guidano gli altri siano santificati. Nella misura in cui è ancora presente in essi della malvagità, useranno i loro pensieri carnali ed allo stesso modo non potranno discernere correttamente le varie situazioni del gregge e quindi essere in grado di guidare le anime alle acque tranquille ed ai verdi pascoli. Possiamo ricevere la guida dello Spirito Santo e comprendere le situazioni del gregge correttamente per condurlo al meglio, solo quando siamo completamente santificati. Dio riconosce solo coloro che si sono completamente santificati come "gentili". Persone diverse hanno diversi standard per definire la gentilezza, anche se la gentilezza, vista dagli uomini e vista da Dio, sono diverse.

Dio ha riconosciuto la bontà di Mosè

Nella Bibbia, la bontà di Mosè è stata confermata da Dio. Possiamo comprendere quanto questo sia importante in Numeri, capitolo 12. Una volta Aaronne e Miriam, fratelli di Mosè lo criticarono per aver sposato una donna cusita.

In Numeri 12:2 leggiamo: *"E dissero: 'Il Signore ha parlato soltanto per mezzo di Mosè? Non ha parlato anche per mezzo nostro?' E il Signore lo udì"*.

Cosa disse Dio a riguardo? *"Con lui io parlo a tu per tu, con chiarezza, e non per via di enigmi; egli vede la sembianza del Signore. Perché dunque non avete temuto di parlare contro il mio servo, contro Mosè?"* (Numeri 12:8).

I commenti pieni di giudizio di Miriam ed Aaronne su Mosè fecero infuriare Dio. A causa di ciò Miriam diventò lebbrosa.

Aaronne era il portavoce di Mosè e Miriam un leader del popolo. A motivo di ciò pensavano di essere amati e affermati anche loro, e per questo, pensando che Mosè avesse fatto qualcosa di sbagliato, immediatamente lo criticarono.

Dio non accettò che Aaronne e Miriam parlassero contro Mosè, condannandolo secondo i loro standard. Che tipo di uomo era Mosè? Dio stesso parlò di lui come il più umile, il più mite e il più fedele alla casa del Signore tra tutti gli uomini sulla faccia della terra. Per questo fu considerato talmente attendibile da Dio, che Egli ci parlò faccia a faccia.

Se guardiamo l'intero processo del popolo di Israele in fuga dall'Egitto verso la terra di Canaan, possiamo capire perché il riconoscimento di Mosè da parte di Dio era così alto. Le persone che fuggivano dall'Egitto avevano ripetutamente peccato, andando contro la volontà di Dio. Si lamentavano con Mosè e lo criticavano per ogni piccola difficoltà, e questo era come lamentarsi con Dio. Ogni volta che si lamentavano, Mosè chiedeva misericordia per loro presso Dio.

Ci fu un incidente che mostrò drammaticamente la bontà di Mosè. Mentre Mosè era sul monte Sinai per ricevere i comandamenti, il popolo si fece un idolo – un vitello d'oro – e mangiarono, bevvero e si persero nella dissipazione mentre lo adoravano. Gli egiziani adoravano il loro dio che aveva sembianze di un toro e di una mucca, e loro stavano imitando tali divinità. Dio aveva dimostrato di essere con loro così tante volte, eppure essi non mostrarono alcun segno di trasformazione. Alla fine, l'ira di Dio cadde su di loro. Anche in questo momento Mosè intercesse per il popolo offrendo la propria vita come garanzia:

"Nondimeno, perdona ora il loro peccato! Se no, ti prego, cancellami dal tuo libro che hai scritto!" (Esodo 32:32).

"Il tuo libro che hai scritto" è il Libro della Vita dove sono registrati tutti i nomi di coloro che sono salvati. Se il tuo nome è cancellato dal libro della vita, non puoi essere salvato. Non solo significa che non si può ricevere salvezza, ma che si soffrirà all'inferno per sempre. Mosè sapeva benissimo della vita dopo la morte, ma voleva salvare il popolo, anche se questo significava rinunciare alla sua salvezza per loro. Tale era il cuore di Mosè, molto simile al cuore di Dio, che non vuole che nessuno perisca.

Mosè coltivò la bontà attraverso le prove

Naturalmente, Mosè non aveva questa bontà nel suo cuore all'inizio. Anche se ebreo, fu allevato come figlio da una principessa egiziana e non gli mancò mai nulla. Ricevette l'educazione più alta possibile in Egitto, oltre che l'addestramento al combattimento ed era un uomo orgoglioso ed ipocrita. Un giorno vide un egiziano pestare un ebreo e, pieno della sua arroganza, uccise l'egiziano, e per questo si trovò a scappare, diventando un fuggitivo da un giorno all'altro.

Fortunatamente divenne un pastore nel deserto con l'aiuto di un sacerdote di Madian, che salvò la sua vita, ma aveva perso tutto. Possedere un gregge era qualcosa che gli egiziani consideravano molto umile. Per 40 anni visse guardando dall'alto in basso. Poi conobbe l'umiliazione, e iniziò a comprendere molte cose sull'amore di Dio e sulla vita.

Dio non ha chiamato Mosè in qualità di principe d'Egitto per essere il leader del popolo di Israele. Dio chiamò Mosè il pastore, l'uomo umiliato più volte. Mosè si umiliò completamente, liberando il suo cuore dal male attraverso le prove, e, per questo motivo, fu in grado di condurre più di 600.000 uomini fuori dall'Egitto verso la terra di Canaan.

Quindi, la cosa importante per coltivare la gentilezza è coltivare la bontà e l'amore, umiliandoci davanti a Dio nelle prove che siamo chiamati ad affrontare. Anche l'entità della nostra umiltà fa la differenza nella nostra gentilezza. Se siamo soddisfatti del nostro stato attuale pensando che abbiamo coltivato la verità in una certa misura, e che per questo godiamo del riconoscimento altrui, come Aaronne e Miriam, diventeremo solo più arroganti.

La generosità virtuosa perfeziona la bontà spirituale

Per coltivare la bontà spirituale dobbiamo non solo santificarci liberandoci da ogni forma di male, ma anche coltivare la generosità virtuosa. La generosità virtuosa è capire totalmente e accettare giustamente gli altri; fare la cosa giusta, avere il carattere per consentire ad altri di presentare e donare il proprio cuore, per capire le loro mancanze e accettarle, senza usare la forza fisica. Queste persone hanno l'amore per ispirare fiducia negli altri.

La generosità virtuosa è come i vestiti che si indossano. Non importa quanto buoni siamo interiormente: se siamo nudi, gli altri ci guarderanno dall'alto in basso. Allo stesso modo, e non importa come siamo, non possiamo mostrare realmente il valore della nostra bontà se non abbiamo questa generosità virtuosa.

Prendiamo ad esempio una persona che è gentile dentro, ma parla di molte cose inutili quando parla con gli altri. Una tale persona non ha intenzioni malvagie in ciò che fa, ma non può davvero guadagnarsi la fiducia degli altri perché in realtà non appare adeguatamente educata o istruita. Alcune persone non hanno alcun rancore perché hanno la gentilezza e non causano alcun danno al prossimo, ma se non aiutano attivamente gli altri o se non se ne prendono cura con delicatezza, sarà difficile conquistare il cuore della gente.

I fiori che non hanno dei bei colori o un buon profumo non attraggono né api né farfalle, anche se hanno molto nettare. Allo stesso modo, anche se siamo gentili e porgiamo l'altra guancia se uno ci schiaffeggia, la nostra bontà non può davvero brillare se non abbiamo la generosità virtuosa nelle nostre parole e azioni. La vera gentilezza è compiuta e può mostrare il suo vero valore solo quando la bontà interiore si veste di generosità virtuosa.

Giuseppe possedeva questa generosità virtuosa. Era l'undicesimo figlio di Giacobbe, il padre di tutto Israele. Era odiato dai suoi fratelli e fu venduto come schiavo in Egitto in giovane età, ma con l'aiuto di Dio, diventò il primo ministro d'Egitto, all'età di trent'anni. L'Egitto a quel tempo era una nazione molto forte ubicata sul Nilo ed una delle quattro principali "culle della civiltà". Sia le autorità sia il popolo erano orgogliosi di se stessi e non fu affatto facile per uno straniero, diventarne il primo ministro. Se avesse commesso un solo passo falso, avrebbe dovuto dimettersi immediatamente.

Anche in tale situazione, tuttavia, Giuseppe governò l'Egitto in maniera impeccabile e con saggezza. Era gentile e umile, e non vi era alcun difetto nelle sue parole e azioni. Governò con saggezza e dignità, ed avendo un potere che era secondo solo al re, non cercò mai di dominare le persone o ostentare se stesso. Era severo con se stesso e molto generoso e gentile con gli altri e per questo, sia il re che gli altri ministri, non avevano riserve e non erano prudenti su cose che lo riguardavano e non provavano gelosia nei suoi confronti, ponendo su di lui tutta la loro fiducia. Possiamo dedurre queste cose considerando come gli egiziani hanno accolto calorosamente e con favore la famiglia di Giuseppe, che si era trasferita in Egitto da Canaan per sfuggire alla carestia.

La bontà di Giuseppe era accompagnata dalla generosità virtuosa

Se uno ha questa generosità virtuosa, significa che ha un cuore grande che non giudica e non condanna gli altri secondo i propri standard pur restando fermo e ligio nei confronti delle sue regole, con le proprie parole e le proprie azioni. Questa caratteristica di Giuseppe è stata ben rappresentata quando i suoi fratelli, che lo avevano venduto come schiavo, entrarono in Egitto per procurarsi il cibo.

In un primo momento, i fratelli non riconobbero Giuseppe e questo era abbastanza comprensibile perché non lo vedevano da più di venti anni. Inoltre, non avrebbero potuto immaginare che Giuseppe fosse diventato primo ministro in Egitto. Ora, che cosa provò Giuseppe quando vide i suoi fratelli, che quasi lo avevano ucciso e poi venduto come schiavo in Egitto? Egli aveva tutto il potere di far loro pagare il torto subito. Ma Giuseppe non voleva vendicarsi. Nascose la sua identità e per un paio di volte testò se il loro cuore era lo stesso del passato.

Giuseppe in realtà stava dando loro la possibilità di pentirsi dei peccati davanti a Dio, da soli e senza aiuto, perché l'aver pianificato l'omicidio del proprio fratello e la sua vendita non era qualcosa di marginale. Egli non li perdonò o condannò indiscriminatamente, ma condusse la situazione in modo tale che essi stessi potessero pentirsi da soli dei propri peccati. Alla fine, solo dopo che i fratelli riconobbero le loro colpe e si rammaricarono per questo, Giuseppe rivelò la sua vera identità.

In quel preciso momento, ebbero paura. Le loro vite erano nelle mani del fratello Giuseppe, che ora era il primo ministro d'Egitto, la nazione più forte sulla terra in quel momento. Ma Giuseppe non aveva alcuna voglia di chiedere loro perché avevano fatto quello che avevano fatto. Non li minacciò dicendo: *"Ora pagherete per le vostre malefatte. Piuttosto cercò di confortarli e metterli a proprio agio. Ma ora non vi rattristate, né vi dispiaccia di avermi venduto perché io fossi portato qui; poiché Dio mi ha mandato qui prima di voi per conservarvi in vita"* (Genesi 45:5).

Giuseppe riconobbe che tutto quello che era accaduto faceva parte del piano di Dio. Non solo perdonò i suoi fratelli sinceramente, ma confortò i loro cuori con parole toccanti, comprendendoli completamente. La bontà di Giuseppe, accompagnata dalla generosità virtuosa, è stata l'origine della salvezza di molte vite, dentro e fuori dall'Egitto, oltre che la base per realizzare lo straordinario piano di Dio. Come spiegato finora, la generosità virtuosa è l'espressione esteriore della bontà che si ha dentro, e può raggiungere il cuore di molte persone e mostrare grande potere.

La santificazione è necessaria per avere la generosità virtuosa

Proprio come la bontà interiore può essere raggiunta attraverso la santificazione, la generosità virtuosa può essere coltivata quando ci liberiamo dal male e ci santifichiamo. Naturalmente, anche se uno non è santificato, potrebbe comunque essere in grado di mostrare le azioni virtuose e generose in una certa misura, attraverso l'educazione ricevuta o perché è nato con un cuore grande. Ma la vera generosità virtuosa può venire solo da un cuore che è libero dal male, che segue solo la verità. Se vogliamo coltivare completamente la generosità virtuosa, non è sufficiente liberare il nostro cuore dalle radici del male. Dobbiamo liberarci da ogni traccia del male (1 Tessalonicesi 5:22).

È scritto in Matteo 5:48 *"Voi dunque siate perfetti, come è perfetto il Padre vostro celeste"*. Solo quando liberiamo il nostro cuore da qualunque tipo di male e diventiamo irreprensibili nei comportamenti, negli atti e nelle parole, possiamo coltivare la gentilezza in modo tale che gli altri possano trovare conforto in noi. Per questo motivo non dobbiamo essere soddisfatti quando finalmente ci siamo liberati dalle radici malvagie come l'odio, l'invidia, la gelosia, l'arroganza e la collera. Dobbiamo anche abbandonare i misfatti minori del corpo e mostrare le gesta della verità attraverso la Parola di Dio e le fervide preghiere, ricevendo la guida dello Spirito Santo.

Quali sono i misfatti del corpo? Nella lettera ai Romani 8:13 si legge: *"Perché se vivete secondo la carne voi morrete; ma se mediante lo Spirito fate morire le opere del corpo, voi vivrete"*.

Il corpo qui non è semplicemente riferito al corpo dell'uomo dopo che la verità ne è fuoriuscita. Le opere del corpo si riferiscono alle opere che provengono da falsità che hanno riempito l'umanità e che ha portato a cambiarla nella carne. Le opere del corpo includono non solo i peccati evidenti, ma anche tutti i tipi di atti o azioni imperfette.

Ho avuto una peculiare esperienza in passato. Quando toccavo un qualsiasi oggetto, sentivo come se avessi ricevuto una scossa elettrica tale da contrarmi ogni volta. Avevo paura di toccare qualsiasi cosa, e da quel momento, ogni volta che toccavo qualcosa, la mia mente di devoto si rivolgeva al Signore e toccandoli con attenzone non avevo questa sensazione di scossa. Quando aprivo una porta, toccavo la maniglia molto delicatamente. Prestavo molta attenzione anche quando stringevo la mano ai membri della chiesa. Tali fenomeni sono andati avanti per diversi mesi, e tutti i miei comportamenti furano per tutto quel periodo molto prudenti e delicati. Più tardi mi sono reso conto che Dio ha reso le mie opere del corpo perfette, attraverso questa esperienza.

Potrebbe essere considerato banale, ma il proprio modo di comportarsi è molto importante. Alcune persone cercano abitualmente un contatto fisico con gli altri quando ridono o parlano con loro, altri parlano a voce molto alta a prescindere dall'ora o dal luogo in cui si trovano, disturbando gli altri. Questi comportamenti non sono grandi colpe, ma sono ancora misfatti imperfetti del corpo. Coloro che hanno la generosità virtuosa hanno comportamenti consoni nella loro vita di tutti i giorni, e molte desiderano star loro accanto, perché trovano conforto.

Cambiare il carattere del cuore

Il passo seguente parla del dover coltivare il carattere del nostro cuore per possedere una generosità virtuosa. Il carattere del cuore è un termine che si riferisce alla dimensione del cuore. Secondo il carattere del cuore di ciascuno, alcuni fanno più di quello che ci si aspetta da loro, mentre altri fanno solo le cose a loro assegnate o poco meno. Un uomo dalla generosità virtuosa ha un carattere del cuore che è grande e ospitale, tale da prendersi cura degli altri e di non guardare solo alle sue questioni personali.

Filippesi 2:4 recita: *"Cercando ciascuno non il proprio interesse, ma anche quello degli altri"*. Questo carattere del cuore può essere diverso a seconda di quanto apriamo il nostro cuore secondo le circostanze, perfezionandosi attraverso continui sforzi. Se desideriamo cambiare solo perché cerchiamo con impazienza solo i nostri interessi personali, dovremmo pregare e cambiare la nostra mente ristretta in una più ampia che considera prima il vantaggio degli altri.

Fino a quando non fu venduto schiavo in Egitto, Giuseppe era come le piante e i fiori coltivati in serra. Non avrebbe potuto misurare i cuori e le posizioni dei suoi fratelli che non erano stati amati dal padre come lo era stato lui. Attraverso varie prove, però, ha ottenuto un cuore capace di osservare e gestire il suo ambiente, e ha imparato a considerare anche il cuore degli altri.

Dio ha ampliato il cuore di Giuseppe, in preparazione per il tempo in cui sarebbe diventato il primo ministro d'Egitto. Se raggiungiamo questo carattere del cuore con un cuore gentile e senza colpa, possiamo anche gestire e prenderci cura di una grande organizzazione. Questa è una virtù che un leader deve avere.

Benedizioni per la gentilezza

Che tipo di benedizioni arriveranno a coloro che hanno raggiunto la bontà perfetta rimuovendo il male dai loro cuori e coltivando verso gli altri la generosità virtuosa? Come è scritto in Matteo 5:5, *"Beati i mansueti, perché erediteranno la terra"*, e nel Salmo 37:11, *"Ma gli umili erediteranno la terra e godranno di una gran pace"*, essi possono ereditare la terra. La terra qui simboleggia la dimora del Regno dei Cieli, e ereditare la terra significa "godere di grande potere in futuro, nel cielo".

Ma cosa significa godere di grande autorità in cielo? Una persona gentile rafforza altre anime con il cuore di Dio nostro Padre e tocca i loro cuori. Più gentile uno diventa, più le anime avranno pace grazie a lui e saranno guidate verso la salvezza. Se siamo in grado di diventare grandi uomini tramite cui molte persone trovano riposo, significa che abbiamo servito gli altri in larga misura. L'autorità Celeste sarà data a coloro che servono. Matteo 23:11 dice: *"ma il maggiore tra di voi sia vostro servitore"*.

Di conseguenza, una persona gentile sarà in grado di godere di grande potenza, ed erediterà come dimora una terra ampia e vasta quando raggiungerà il Cielo. Anche su questa terra, coloro che hanno grande potere, ricchezza, fama e autorità, sono seguiti da molte persone. Ma se perdono tutto quello che hanno posseduto, perderanno la maggior parte della loro autorità, e molti tra quelli che li hanno seguiti li abbandoneranno. L'autorità spirituale che segue una persona gentile è diversa da quella terrena. Essa non scompare, né cambia. Su questa terra, così come la sua anima prospera, avrà successo in ogni cosa. Inoltre, in Cielo egli sarà molto amato da Dio per sempre e sarà rispettato da innumerevoli anime.

3. L'amore non invidia

Alcuni studenti eccellenti organizzano e raccolgono i loro appunti sulle domande a cui non hanno risposto nei test ed esaminano i motivi per i quali non sono stati promossi, cercando di capire a fondo l'argomento prima di andare avanti. Sostengono che questo metodo è molto efficace per imparare in breve tempo gli argomenti che trovano ostici. Questo stesso metodo può essere applicato anche quando coltiviamo l'amore spirituale. Se esaminiamo le nostre azioni e parole in dettaglio e ci liberiamo ad una ad una delle nostre carenze, possiamo raggiungere l'amore spirituale in un periodo di tempo più breve. Diamo un'occhiata alla prossima caratteristica dell'amore spirituale: "L'amore non invidia".

L'invida si verifica quando un sentimento di amarezza e infelicità cresce eccessivamente fino a commettere atti malvagi nei confronti di un'altra persona. Se abbiamo una propensione nella nostra mente alla gelosia ed all'invidia, proveremo sentimenti malvagi quando qualcun altro sarà lodato o apprezzato. Se troviamo una persona più esperta, più ricca e più competente di noi, o se uno dei nostri collaboratori diventa ricco e guadagna il favore di molte persone, potremmo esserne invidiosi, arrivando anche ad odiare quella persona, desiderando di derubarla di ogni cosa lui possegga fino a calpestarlo.

D'altra parte potremmo sentirci scoraggiati e pensare: "Lui è così apprezzato dagli altri, ma che cosa sono io? Io non sono niente!" In altre parole, ci sentiamo sfiduciati perché ci confrontiamo con gli altri. Quando ci sentiamo scoraggiati alcuni di noi potrebbero pensare che non è l'invidia. L'amore gioisce con la verità. In altre parole, se abbiamo il vero amore, gioiremo quando un'altra persona prospera. Se ci scoraggiamo e rimproveriamo noi stessi o non gioiamo con la verità, questo è perché il nostro ego è ancora attivo. A causa del nostro "ego" ancora vivo, ci sentiamo feriti nell'orgoglio quando abbiamo la sensazione di essere inferiori agli altri.

L'invidia mentale che cresce e si trasforma in parole e azioni malvagie, è la gelosia di cui stiamo trattando. Se la gelosia si sviluppa fino a diventare una condizione grave, può portare a danneggiare o addirittura uccidere altre persone.

La gelosia è la rivelazione esteriore di un cuore malvagio e sporco, e quindi sarà difficile per coloro che sono gelosi, ricevere la salvezza (Galati 5:19-21), questo perché la gelosia è un opera evidente della carne, che è il peccato commesso visibilmente. La gelosia può essere classificabili in diversi tipi, che analizzeremo qui di seguito.

La gelosia nelle relazioni romantiche

La gelosia nelle relazioni romantiche si manifesta quando una persona, in un rapporto, desidera avere più amore e attenzioni dal partner di quante ne riceve. Ad esempio, le due mogli di Giacobbe, Lea e Rachele, erano gelose l'una dell'altra e ognuna desiderava di essere la favorita del marito. Lea e Rachele erano sorelle, entrambe figlie di Labano, zio di Giacobbe.

Giacobbe sposò Lea a seguito dell'inganno di suo zio Labano. Non era quello che avrebbe voluto. Giacobbe in realtà amava

Rachele, la sorella minore di Lea, e la ottenne in moglie solo dopo aver prestato servizio per 14 anni presso suo zio. Fin dall'inizio Giacobbe amava Rachele più di Lea, la quale gli diede quattro figli mentre Rachele era sterile.

A quel tempo era una vergogna per le donne non avere figli, e Rachele provava gelosia nei confronti della sorella, continuamente. Era talmente accecata dalla sua gelosia che dava filo da torcere anche al marito Giacobbe: *"Dammi dei figli, altrimenti muoio"* (Genesi 30:1).

Sia Rachele sia Lea si comportavano come serve di casa e concubine con Giacobbe, per averne il suo amore in esclusiva, ma se avessero nutrito solo un po' di vero amore nei loro cuori, avrebbero potuto gioire quando l'altra era favorita dal marito. La loro gelosia rese tutti – Lea, Rachele e Giacobbe – infelici e, coinvolse anche i loro figli.

La gelosia quando la posizione degli altri è più fortunata

La gelosia per ogni individuo è diversa secondo i valori della propria vita. Di solito, però, quando l'altro è più ricco, più consapevole e più competente di noi o quando l'altro è più favorito e amato, tutti, chi più chi meno, abbiamo la tendenza a essere gelosi. Non è poi tanto difficile trovarci in situazioni di gelosia a scuola, al lavoro e in casa, quando la gelosia nasce dalla sensazione che qualcun altro è meglio di noi. Quando un nostro contemporaneo progredisce e prospera più di quanto facciamo noi, possiamo arrivare ad odiarlo e calunniarlo, fino ad arrivare a pensare che dobbiamo calpestarlo per essere noi più prosperi e favoriti.

Ad esempio, alcune persone rivelano difetti e carenze dei colleghi sul posto di lavoro, ponendoli in una condizione in cui sono costantemente sotto controllo a causa di ingiusti sospetti da parte dei superiori, solo perché vogliono essere gli unici ad essere promossi nella loro azienda. Non fanno eccezione neanche i giovani studenti. Alcuni di essi disorientano i compagni di studi favoriti dai docenti e che eccellono, anche compiendo atti di bullismo nei loro confronti. A casa, i bambini calunniano e litigano con i fratelli e le sorelle, al fine di ottenere un maggiore riconoscimento e favore da parte dei genitori, altri lo fanno perché vogliono ereditare più beni.

Questo è stato il caso di Caino, il primo omicida nella storia dell'umanità. Dio accettò solo l'offerta di Abele. Caino si sentì offeso e siccome la sua gelosia bruciava sempre più alla fine uccise suo fratello Abele. Caino ha udito ripetutamente i suoi genitori Adamo ed Eva parlare del sacrificio col sangue degli animali e conosceva molto bene questa usanza. *"Secondo la legge, quasi ogni cosa è purificata con sangue; e, senza spargimento di sangue, non c'è perdono"* (Ebrei 9:22).

Ciononostante, ha sacrificato il raccolto della terra che aveva coltivato. Al contrario, Abele ha dato in sacrificio con il cuore i primogeniti delle pecore, secondo la volontà di Dio. Qualcuno potrebbe dire che non è stato difficile per Abele dare in sacrificio un agnello per lui che era un pastore, ma non è così. Abele conosceva la volontà di Dio attraverso gli insegnamenti dei suoi genitori e ha voluto seguirla, e per questo, Dio ha accettato il suo sacrificio. Caino divenne geloso oltre ogni pentimento. Una volta accesa, la fiamma della sua gelosia non poteva essere spenta, e alla fine ha ucciso suo fratello Abele. Quanto dolore hanno provato Adamo ed Eva a causa di questo!

La gelosia tra fratelli nella fede

Alcuni credenti sono gelosi dei loro fratelli o delle loro sorelle nella fede, che sono davanti a loro in ordine, posizione, fede o fedeltà a Dio. Tale fenomeno avviene solitamente quando l'altro è simile a loro per età, posizione e da quanto tempo sono credenti, o quando conoscono bene l'altra persona.

Come dice Matteo 19:30, *"Ma molti primi saranno ultimi e molti ultimi, primi"*. A volte coloro che sono inferiori a noi per anni di fede, età e posizione nella chiesa potrebbero andare avanti a noi e per questo proviamo una forte gelosia nei loro confronti. Tale gelosia non esiste solo tra i credenti della stessa chiesa. Potrebbe essere presente tra i pastori e membri di una chiesa, tra chiese o anche tra le diverse organizzazioni cristiane. Quando una persona dà gloria a Dio, tutti dovrebbero gioire insieme. Invece capita che alcuni calunnino e tentino di mettere in cattiva luce altri credenti come se queste persone o organizzazioni fossero degli eretici. Cosa provano i genitori se i loro figli litigano e si odiano a vicenda? Anche se i genitori dessero ai loro bambini buon cibo e buone cose, non sarebbero felici. E se i credenti, che sono tutti figli di Dio, lottano tra di loro, o se vi è gelosia tra le chiese, questo farà solo piangere tanto il nostro Signore.

La gelosia di Saul contro Davide

Saul fu il primo re d'Israele e sprecò la sua intera esistenza ad essere geloso e invidioso di Davide. Per Saul, Davide era come un cavaliere con un'armatura brillante, il salvatore del suo paese. Quando il morale dei soldati precipitò per colpa delle intimidazioni di Golia il filisteo, Davide, senza pensarci due volte, si battè con lui sconfiggendolo con una semplice fionda. Questo singolo atto portò la vittoria a Israele, e, da quel momento, Davide si rese protagonista di molte azioni meritevoli in difesa del paese dagli attacchi dei Filistei. Il problema tra Saul e Davide iniziò da quest'episodio. Saul sentì qualcosa di inquietante provenire dalla folla che accoglieva Davide vittorioso di ritorno dal campo di battaglia: *"Saul ha ucciso i suoi mille, e Davide i suoi diecimila"* (1 Samuele 18:7).

Saul era molto a disagio e pensò: *"Come possono mettermi a paragone con Davide? Egli non è altro che un pastorello!"*

La sua rabbia aumentava man mano che ripensava a ciò che aveva sentito. Non credeva fosse giusto che il popolo lodasse Davide così tanto, e da allora in poi guardò con sospetto tutte le sue azioni. Saul probabilmente pensava che Davide agiva in questo modo solo per conquistarsi il cuore della gente. La freccia di rabbia di Saul era costantemente puntata su Davide. "Se Davide ha già guadagnato il cuore del popolo, la ribellione è solo questione di tempo!"

Questi erano i suoi pensieri, e, diventando sempre più spropositati, Saul cercava solo l'occasione giusta per uccidere Davide. Una volta, Saul era affetto da spiriti maligni e David suonava l'arpa per lui. Colse l'occasione e gli scagliò contro la sua lancia, ma fortunatamente, Davide riuscì a schivarla e fuggì. Saul non rinunciò ai suoi tentativi di uccidere Davide, cercando senza interruzione, ogni occasione possibile per ucciderlo.

Nonostante tutto questo, Davide non covava alcun desiderio di nuocere a Saul perché il re era stato unto da Dio, e questo il re Saul lo sapeva. La fiamma della gelosia di Saul ormai era incendiata e non si sarebbe spenta. Saul soffriva continuamente di pensieri inquietanti derivanti dalla sua gelosia nei confronti di Davide e fino a quando non perse la vita in una battaglia contro i Filistei, non ebbe riposo a causa di ciò.

Coloro che erano gelosi di Mosè

In Numeri 16, leggiamo di Core, Datan e Abiram. Core era un levita, e Datan e Abiram erano della tribù di Ruben. Avevano risentimenti contro Mosè e suo fratello, nonché aiutante, Aronne. Risentivano del fatto che Mosè fosse stato un principe d'Egitto e ora li governava, sebbene fosse stato in precedenza un latitante e un pastore. Da un altro punto di vista, essi stessi volevano diventare leader. Così, presero contatti con diverse persone per farli entrare nel loro gruppo.

Core, Dathan e Abiram riunirono 250 persone pronte a seguirli e pensarono di essere pronti a prendere il potere. Andarono da Mosè e da Aaronne per dir loro: *"Basta! Tutta la comunità, tutti, dal primo all'ultimo, sono santi, e il SIGNORE è in mezzo a loro; perché dunque vi mettete al di sopra dell'assemblea del SIGNORE?"* (Numeri 16:3).

Anche se non ebbero alcun ritegno nell'affrontarlo, Mosè non disse loro nulla; solo, si inginocchiò davanti a Dio per pregare per far si che essi riconoscessero la loro colpa. In quel preciso momento, l'ira di Dio si scatenò contro Core, Datan e Abiram e quelli come loro. La terra aprì la sua bocca, e Core, Datan e Abiram, insieme con le loro mogli, i loro figli e i loro piccoli discesero vivi nel regno dei morti. Il fuoco uscì anche dal Signore che consumò i duecentocinquanta uomini che offrivano l'incenso.

Mosè non ha causato alcun danno al popolo (Numeri 16:15). Ha solo fatto tutto il possibile per guidare il popolo. Ha dimostrato che Dio era con lui di volta in volta attraverso i segni e prodigi. Egli mostrò loro le dieci piaghe d'Egitto; permise loro di attraversare il Mar Rosso sulla terra asciutta separandolo in due parti; diede loro l'acqua dalla roccia e fece mangiare loro la manna e le quaglie nel deserto. Malgrado tutto questo, essi lo avevano denigrato callunniandolo, insorgendo contro di lui, incolpandolo di elevarsi sopra gli altri.

Dio permise anche che la gente vedesse che grande peccato era essere gelosi di Mosè. Giudicare e condannare un uomo riconosciuto da Dio è come giudicare e condannare Dio stesso. Pertanto, non dobbiamo mai criticare incautamente le chiese o le organizzazioni che operano nel nome del Signore, dicendo che sono sbagliate o eretiche. Dal momento che siamo tutti fratelli e sorelle in Dio, la gelosia tra di noi è un grande peccato davanti a Dio.

La gelosia per cose senza senso

Possiamo ottenere ciò che vogliamo semplicemente con la

gelosia? Niente affatto! Potremmo anche essere in grado di mettere in difficoltà altre persone, dandoci la sensazione di essere avanti a loro, ma in realtà non otterremo mai tutto ciò che desideriamo. Nella Lettera di Giacomo 4:2 leggiamo: *"Voi bramate e non avete; voi uccidete e invidiate e non potete ottenere; voi litigate e fate la guerra"*.

Sempre parlando di gelosia, si consideri ciò che viene descritto in Giobbe 4:8: *"Io per me ho visto che coloro che arano iniquità e seminano tormenti, ne mietono i frutti"*. Il male che procurerete, vi ritornerà come un boomerang.

Come penitenza per il male che seminate, potreste dover fronteggiare disastri in famiglia o sul posto di lavoro. Come dice Proverbi 14:30, *"Un cuore calmo è la vita del corpo, ma l'invidia è la carie delle ossa"*. Gli effetti della gelosia sono danni auto inflitti, e quindi sono del tutto privi di senso. Quindi, se volete superare gli altri, chiedete piuttosto a Dio che controlla tutto di farvi avanzare, invece che sprecare le vostre energie in pensieri e atti di gelosia.

Naturalmente, non è possibile ottenere tutto ciò che chiedete. In Giacomo 4:3, leggiamo: *"domandate e non ricevete, perché domandate male per spendere nei vostri piaceri"*. Se chiedete qualcosa per spendere nei vostri piaceri, non è possibile che la riceviate, perché non è la volontà di Dio. Nella maggior parte dei casi, infatti, le persone chiedono solo per seguire la propria brama. Chiedono ricchezza, fama, e potere per il proprio comfort e il proprio orgoglio. Questo mi ha rattristato, durante il corso del mio ministero. La benedizione vera e propria non è la ricchezza, la fama, e potenza, ma la prosperità della propria anima.

Non importa quante cose avete e quanto ne godete; che peso

hanno se non riceverete poi la salvezza? Quello che dobbiamo ricordare è che ogni cosa di questa terra sparirà, come la nebbia. Nella 1 Lettera di Giovanni 2:17 si legge: *"E il mondo passa con la sua concupiscenza; ma chi fa la volontà di Dio rimane in eterno"*, e Ecclesiaste 12:10 recita: *"'Vanità delle vanità', dice l'Ecclesiaste, 'tutto è vanità'"*.

Spero non diventerete gelosi dei vostri fratelli e sorelle, aggrappandovi a insignificanti cose del mondo, ma che abbiate un cuore che è giusto agli occhi di Dio, che risponderà ai desideri del vostro cuore e vi darà il regno eterno del Cielo.

Gelosia e desiderio spirituale

La gente crede in Dio e ciononostante è invidiosa perché ha poca fede e amore. Se manca l'amore per Dio e si ha poca fiducia nel Regno dei Cieli, potremmo diventare invidiosi e voler guadagnare la ricchezza, la fama, e il potere di questo mondo. Se si ha la piena certezza dei diritti dei figli di Dio e la cittadinanza del Cielo, i fratelli e le sorelle in Cristo sono molto più preziosi di quelle della vostra famiglia terrena, e questo perché crederete che vivrete con loro per sempre in cielo.

Anche i non credenti che non hanno accettato Gesù Cristo sono preziosi e sono quelli che dovremmo portare nel regno celeste. Con questa fede, come coltiviamo il vero amore in noi, dovremmo iniziare ad amare il nostro prossimo come noi stessi e quindi, quando gli altri sono benestanti, essere felici come se lo fossimo noi. Coloro che hanno la vera fede non cercheranno le cose inutili del mondo, ma cercheranno di essere diligenti nelle opere del Signore, al fine di conquistare il regno celeste con la forza. Vale a dire, ricercheranno e otterranno quello che chiedono se spinti da desideri spirituali.

> *"Dai giorni di Giovanni il Battista fino ad ora, il Regno dei Cieli è preso a forza e i violenti se ne impadroniscono"* (Matteo 11:12).

Il desiderio spirituale è certamente diverso dalla gelosia. È importante avere il desiderio di essere entusiasti e fedeli nel lavoro del Signore. Ma se questa passione oltrepassa i limiti e si allontana dalla verità o se provoca l'insorgere di difficoltà negli altri, non è accettabile. Pur essendo ferventi nel nostro lavoro per il Signore, dovremmo fare attenzione ai bisogni delle persone intorno a noi, cercando i loro beneficio e perseguendo la pace con tutti.

4. L'amore non si vanta

Ci sono persone che si vantano sempre di se stessi senza preoccuparsi di quello che gli altri potrebbero provare quando lo fanno. Vogliono solo ostentare ciò che hanno, mentre cercano di guadagnarsi il riconoscimento degli altri. Giuseppe si vantava del suo sogno quando era un ragazzino, e questo portò i suoi fratelli ad odiarlo. Da quando il padre lo iniziò ad amare in modo speciale, egli non comprese il cuore dei suoi fratelli. In seguito, fu venduto come schiavo in Egitto e subì molte prove ed alla fine coltivò l'amore spirituale. Prima di coltivare l'amore spirituale, le persone interrompono la pace ostentando ed elevando se stessi. Perciò Dio dice: "L'amore non si vanta".

In parole povere, vantarsi significa rivelare e mostrare se stessi. La gente di solito vuole essere riconosciuta se fa o ha fatto qualcosa meglio degli altri. Ma, qual è l'effetto di un tale vantarsi?

Ad esempio, alcuni genitori sono pomposi e presuntuosi dei loro figli, che vanno meglio degli altri a scuola. Di ciò alcune persone potrebbero gioire con loro, ma la maggior parte si sentirà ferita nell'orgoglio fino a provare sentimenti negativi, e per questo potrebbero rimproverare senza motivo i propri bambini, indipendentemente da come vadano a scuola. Se avete anche un po' di bontà nei riguardi delle sensazioni che provano gli altri, non vanterete in questo modo i vostri figli, ma vorrete che anche i figli dei vostri vicini siano bravi negli studi e vi complimenterete e gioirete con loro.

Coloro che sono presuntuosi tendono anche ad essere meno disposti a riconoscere e elogiare il buon lavoro svolto da altre persone. In un modo o nell'altro proveranno a denigrare gli altri perché pensano che saranno oscurati nella misura in cui gli altri sono riconosciuti. Questo è solo uno dei modi che in cui il vantarsi provoca problemi. Agendo in questo modo, il cuore che si vanta si allontanerà dal vero amore. Si può pensare che solo ostentando voi stessi sarete riconosciuti, ma questo renderà solo più difficile per voi ricevere amore e rispetto sinceri. Se le persone intorno a voi vi invidiano, questo vi procurerà solo rancore e gelosia. *"Invece voi vi vantate con la vostra arroganza. Un tale vanto è cattivo"* (Giacomo 4:16).

L'arrogante orgoglio della vita viene dall'amore del mondo

Perché le persone si vantano? Perché sono presuntuosamente arroganti, vale a dire, che ostentano se stessi secondo i piaceri di questo mondo. Questo deriva dall'amore per il mondo. La persone di solito si vantano delle cose che ritengono importanti. Chi ama il denaro si vanterà dei soldi che ha e coloro che considerano le apparenze esteriori importanti, se ne vanteranno. Vale a dire, hanno messo i soldi, le apparenze esteriori, la fama, o il potere sociale davanti a Dio.

Uno dei membri della nostra chiesa ebbe successo negli affari vendendo computer per conglomerati aziendali in Corea. Voleva espandere la sua attività e per questo chiese ed ottenne diversi prestiti, investendo in un internet café in franchising ed in trasmissioni attraverso internet. Costituì una società con un capitale iniziale di due miliardi di won, pari a circa due milioni di dollari, ma il fatturato era basso e le perdite aumentarono fino a far fallire la società.

La sua casa fu venduta all'asta, e i debitori cominciarono a dargli la caccia, costringendolo a vivere ai piani seminterrati o nei sottotetti. A quel punto cominciò a guardarsi indietro e si rese conto che aveva avuto solo avidità per il denaro e desiderio di vantarsi del suo successo, facendo vivere momenti difficili a chi gli stava intorno a causa dell'espansione della sua attività.

Quando si pentì davanti a Dio con tutto il suo cuore, abbandonando la sua avidità, fu felice anche del suo nuovo lavoro di pulizie delle fogne. Dio tenne conto della sua situazione e gli mostrò un modo per iniziare una nuova attività. Ed ora, poiché sta percorrendo la strada giusta, è tornato a dirigere una sua attività in crescita e di successo.

1 Giovanni 2:15-16 dice: *"Non amate il mondo né le cose del mondo. Se uno ama il mondo, l'amore del Padre non è in lui. Perché tutto ciò che è nel mondo, la concupiscenza della carne, la concupiscenza degli occhi e la superbia della vita, non viene dal Padre, ma dal mondo"*.

Ezechia, il tredicesimo re del regno di Giuda del Sud, fu giusto agli occhi di Dio e purificò il tempio. Superò l'invasione degli Assiri attraverso la preghiera e quando si ammalò, pregò con le lacrime ricevendo altri 15 anni di vita. Ciononostante in lui permanevano ancora residui di arroganza e orgoglio. Rimessosi dalla sua malattia, Babilonia inviò presso di lui i suoi diplomatici.

Ezechia era così felice di riceverli e di mostrare loro la sua stanza dei tesori preziosi, argento, oro, spezie e olii pregiati, tutto il suo arsenale e tutto ciò che c'era nei suoi magazzini. A causa del suo vantarsi, il suo regno fu invaso da Babilonia e tutti i tesori andarono saccheggiati (Isaia 39:1-6). Il vantarsi proviene dall'amore per il mondo, e chi si vanta, antepone questo amore al propio amore per Dio. Pertanto, per coltivare il vero amore, occorre liberarsi dalla vanagloria che ci rende orgogliosi presente nel nostro cuore.

Vantarsi nel Signore

C'è una tipo di vanto che è cosa buona, che consiste nel vantarsi nel Signore, come scritto nella 2 Lettera ai Corinzi 10:17: *"Chi si vanta, si vanti nel Signore"*. Vantarsi nel Signore è dare gloria a Dio, quindi più è meglio è. Un buon esempio di tale vanto è la "testimonianza".

Paolo disse nella Lettera ai Galati 6:14: *"Ma quanto a me, non sia mai che io mi vanti di altro che della croce del nostro Signore Gesù Cristo, mediante la quale il mondo, per me, è stato crocifisso e io sono stato crocifisso per il mondo"*.

Come disse Paolo, ci vantiamo di Gesù Cristo che ci ha salvati e ci ha dato il Regno dei Cieli. Noi eravamo destinati alla morte eterna a causa dei nostri peccati, ma grazie a Gesù che ha pagato per i nostri peccati sulla croce, abbiamo guadagnato la vita eterna. Quanto dobbiamo esserne grati!

Per questo motivo l'apostolo Paolo si vantava della sua debolezza. Nella 2 Lettera ai Corinzi 12:9 si legge: *"ed Egli mi ha detto: 'La mia grazia ti basta, perché la mia potenza si dimostra perfetta nella debolezza'. Perciò molto volentieri mi vanterò piuttosto delle mie debolezze, affinché la potenza di*

Cristo riposi su di me".

In realtà, Paolo manifestò tanti segni e prodigi; molte persone portavano ai malati, fazzoletti o grembiuli che egli aveva toccato, ed essi guarivano. Ha fatto tre viaggi missionari che hanno condotto un numero altissimo di anime al Signore e fondò chiese in tante città. Ciononostante non si prese mai il merito di tutto questo. Egli si vantò solo del fatto che erano la grazia di Dio e la potenza del Signore che gli avevano permesso di fare quello che aveva fatto.

Oggi, molte persone danno testimonianza di aver incontrato e sperimentato l'Iddio vivente nella loro vita quotidiana. Esprimono l'amore di Dio dicendo che hanno ricevuto guarigione dalle malattie, benedizioni finanziarie, e la pace in famiglia quando hanno cercato Dio seriamente e hanno mostrato le gesta del loro amore per lui.

Come leggiamo in Proverbi 8:17: *"Io amo quelli che mi amano; e quelli che mi cercano mi trovano"*, essi sono grati di aver sperimentato il grande amore di Dio e iniziano ad avere grande fiducia, il che significa che hanno ricevuto benedizioni spirituali. Tale vanto nel Signore dà gloria a Dio e fa spuntare fede e vita nei cuori della gente. In tal modo conservano ricompense in Cielo e i desideri del loro cuore sono soddisfatti in modo rapido.

Ma qui dobbiamo stare attenti a una cosa: alcune persone dicono che danno gloria a Dio, ma in realtà cercano di farsi conoscere o far conoscere agli altri quello che hanno fatto. Insinuano indirettamente che sono in grado di ricevere le benedizioni a causa dei loro sforzi. Sembra che stiano dando gloria a Dio, ma in realtà danno tutto il merito a se stessi. Satana accuserà alcune persone. Alla fine, il risultato della propria millanteria sarà rivelato; potrebbero affrontare vari tipi di test e prove, e se nessuno darà loro riconoscimento, si allontaneranno da Dio.

Romani 15:2 dice: *"Ciascuno di noi compiaccia al prossimo, nel bene, a scopo di edificazione"*. Come detto, dobbiamo sempre parlare delle edificazioni dei nostri vicini e piantare la fede e la vita in loro. Proprio come l'acqua viene purificata passando attraverso un filtro, dovremmo filtrare le nostre parole prima di parlare, pensando se edificheranno o feriranno i sentimenti di chi ci ascolta.

Abbandonare l'orgoglio presuntuoso della vita

Anche se si hanno tante cose di cui vantarsi, nessuno può vivere per sempre. Dopo la vita su questa terra, ognuno andrà o in Paradiso o all'Inferno. In cielo, anche le strade che calpesteremo sono fatte di oro, e la sua ricchezza non può essere paragonata a quella di questo mondo. Ciò significa che vantarsi in questo mondo è totalmente privo di senso e, inoltre, anche se si possiedono ricchezza, fama, conoscenza, e potere, ci si può vantarsene se si va all'inferno?

Gesù disse: *"Che gioverà a un uomo se, dopo aver guadagnato tutto il mondo, perde poi l'anima sua? O che darà l'uomo in cambio dell'anima sua? Perché il Figlio dell'uomo verrà nella gloria del Padre suo, con i suoi angeli, e allora renderà a ciascuno secondo l'opera sua"* (Matteo 16:26-27).

Il vanto del mondo non potrà mai dare vita eterna o soddisfazione, invece dà origine a desideri senza senso e conduce alla distruzione. Appena ce ne rendiamo conto e riempiamo il nostro cuore con la speranza del Cielo, riceveremo la forza di abbandonare l'orgoglio presuntuoso della vita. Come un bambino che con facilità getta via il suo giocattolo vecchio e di poco valore quando ottiene un giocattolo nuovo. Siccome conosciamo la bellezza splendente del regno celeste, non dobbiamo aggrapparci o lottare per ottenere le cose di questo mondo.

Una volta abbandonato l'orgoglio presuntuoso della vita, dovremo solo vantarci di Gesù Cristo e non sentiremo più nulla di questo mondo di cui valga la pena vantarsi, ma piuttosto, ci sentiremo solo orgogliosi della gloria che godremo eternamente nel regno celeste. Poi, saremo pieni di una gioia che non abbiamo conosciuto prima. Anche se affronteremo momenti duri lungo il percorso della nostra vita, non ci sembreranno così difficili. Dovremo rendere solo grazie per l'amore di Dio che ci ha dato il Suo unigenito Figlio Gesù per salvarci, e quindi saremo pieni di gioia in tutte le circostanze. Se non cerchiamo l'orgoglio presuntuoso della vita, non ci sentiremo così sollevati quando riceviamo lodi, o non ci scoraggeremo quando riceviamo critiche. Dovremo solo umilmente controllare di più noi stessi quando riceviamo elogi, e rendere grazie quando riceviamo rimproveri, utilizzando questi stimoli per migliorarci.

5. L'amore non è arrogante

Coloro che si vantano di se stessi con facilità, si sentono migliori degli altri e diventano arroganti. Se le cose gli vanno bene, pensano che sia perché hanno fatto un buon lavoro, diventando presuntuosi o pigri. La Bibbia dice che uno dei mali che Dio odia di più è l'arroganza. L'arroganza è anche il motivo principale per cui fu costruita la Torre di Babele per competere con Dio, evento che indusse Dio a separare le lingue.

Caratteristiche delle persone arroganti

Una persona arrogante considera gli altri inferiori a sé stesso, disprezzandoli o trattandoli con indifferenza. Tale persona si sente superiore agli altri in tutte le circostanze; si considera il migliore, disprezza, guarda dall'alto verso il basso e prova ogni volta ad imporre le sue conoscenze su tutto. Mostra con facilità un atteggiamento di arroganza nei confronti di coloro che si mostrano meno di lui. A volte, nella sua eccessiva arroganza, ignora quelli che lo hanno guidato e gli hanno insegnato e quelli che sono sopra di lui come posizione, nel business o nella gerarchia sociale. Egli non è disposto ad ascoltare i consigli, le critiche e i suggerimenti dei suoi superiori. Si lamenta pensando, "Il mio superiore lo dice solo perché non ha idea di cosa si tratta", o dice: "Io so tutto e posso farlo molto bene".

Tale persona provoca molte discussioni e litigi con gli altri. In Proverbi 13:10 si legge: *"Dall'orgoglio non viene che contesa, ma la saggezza è con chi dà retta ai consigli"*.

La 2 lettera a Timoteo 2:23 ci dice: *"Evita inoltre le dispute stolte e insensate, sapendo che generano contese"*. Ecco perché è così sciocco e sbagliato pensare che solo tu sei giusto.

Le persone hanno diverse coscienze e conoscenze diverse, perché ogni individuo è diverso in ciò che ha visto, sentito, vissuto e insegnato. Ma la gran parte delle conoscenze di ognuno sono sbagliate, e alcune sono state impropriamente memorizzate. Se tali conoscenze si consolidano dentro di noi, si trasformano in ipocrisia e schemi mentali. Ipocrisia è insistere che solo le nostre opinioni siano giuste, perché quando queste si consolidano, costituiscono il proprio schema di pensiero. In alcune persone gli schemi mentali si formano grazie alla personalità o grazie alla conoscenze che hanno accumulato.

Gli schemi mentali sono come lo scheletro di un corpo umano: forma l'aspetto di ciascuno, e una volta che si è formato, è difficile da modificare. La maggior parte dei pensieri della gente provengono da ipocrisia e schemi mentali. Una persona che è afflitta da sensi di inferiorità reagisce più sensibilmente se gli puntano contro il dito per accusarla o, come si usa dire, se una persona ricca mette in evidenza i suoi vestiti, la gente penserà che si sta vantando, ostentando il suo abbigliamento. Se qualcuno usa un vocabolario difficile o pesante, la gente penserà che sbandiera la sua conoscenza e che li sta guardando dall'alto al basso.

Imparai dal mio maestro di scuola elementare che la Statua della Libertà era a San Francisco. Ricordo vividamente come me lo aveva insegnato usando la mappa e l'immagine degli Stati Uniti. Nei primi anni '90, sono andato negli Stati Uniti per condurre una riunione di risveglio e fu allora che appresi che la Statua della Libertà si trova realmente a New York City.

Per me la statua doveva essere a San Francisco, quindi non capivo perché era a New York City. Ho chiesto alle persone intorno che mi hanno detto che in realtà era a New York. Mi resi conto che le informazioni che credevo fossero vere, in realtà erano scorrette. In quel momento, ho anche pensato che ciò che io credevo giusto in realtà poteva essere sbagliato. Molte persone credono e insistono su cose che non sono corrette.

Anche quando hanno torto, chi è arrogante non vuole ammetterlo, ma continua a difendere le sue opinioni, e questo porterà solo litigi. Ma coloro che sono umili non litigheranno anche se l'altra persona è nel torto. Anche se sono sicuri al 100% che hanno ragione, comunque pensano che potrebbero sbagliarsi, perché non hanno alcuna intenzione di aver ragione a tutti i costi nelle discussioni con gli altri.

Un cuore umile possiede l'amore spirituale che considera gli altri migliori. Anche se gli altri sono meno fortunati, meno istruiti, o hanno meno potere sociale, con una mente umile noi dovremmo considerare gli altri migliori di noi dal cuore. Dovremmo considerare tutte le anime come preziose, poiché così degne che Gesù ha versato il suo sangue.

Arroganza carnale e arroganza spirituale

Se qualcuno mostra all'esterno azioni tese ad ostentare con le menzogne sé stesso, ponendosi in una posizione tale da guardare gli altri dall'alto al basso, con facilità può accorgersi di tale arroganza. Appena si accetta il Signore e si arriva a conoscere la verità, ci si può facilmente sbarazzare di questi attributi di arroganza carnale. Se non lo si fa, non sarà facile capirlo e abbandonarla di conseguenza. Ma cosa è l'arroganza spirituale?

Quando si frequenta una chiesa per un periodo di tempo significativo, si acquisisce una conoscenza approfondita della Parola di Dio. Potreste anche ottenere titoli e posizioni ed essere eletti leader e quindi sentire che avete coltivato nel vostro cuore una significativa quantità di conoscenza della Parola di Dio, tale da farvi esclamare: "Ho realizzato così tanto. Devo essere nel giusto in molte cose!" Si può rimproverare, giudicare e condannare gli altri, con la Parola di Dio memorizzata come conoscenza, pensando che si stia solo discernendo il bene dal male in accordo con quello che presumiamo sia la verità. Così facendo, alcuni leader della chiesa seguono i propri personali vantaggi e infrangono le regole e l'ordine precostituito. Sicuramente violano gli ordini della chiesa nelle azioni, ma pensano: "Per me questo va bene perché io sono in questa posizione. Sono un'eccezione". Tali menti esaltate rappresentano l'arroganza spirituale.

Se dichiariamo amore per Dio, ignorando la legge e l'ordine di Dio con un cuore esaltato, la nostra dichiarazione non è vera. Se giudichiamo e condanniamo gli altri, non possiamo essere considerati portatori di vero amore. La verità ci insegna a guardare, ascoltare e parlare solo delle cose buone degli altri.

> *"Non sparlate gli uni degli altri, fratelli. Chi dice male del fratello, o chi giudica il fratello, parla male della legge e giudica la legge. Ora, se tu giudichi la*

legge, non sei uno che la mette in pratica, ma un giudice" (Lettera di Giacomo 4:11).

Come vi sentite quando trovate le debolezze altrui?
Jack Kornfield, nel suo libro "The Art of Forgiveness, Lovingkindness, and Peace" (L'arte del perdono, della benignità e della pace, n.d.t.), scrive di un modo diverso di interagire con le azioni nocive.

"Nella tribù dei Bemba del Sud Africa, quando una persona agisce in modo irresponsabile o ingiustamente, viene messo al centro del villaggio, da solo e libero da catene. Tutte le attività si fermano e ogni uomo, donna e bambino del villaggio si riunisce intorno all'accusato, formando un grande cerchio. Ogni persona della tribù parla all'imputato, uno alla volta, ricordandogli le cose buone che ha fatto nella sua vita. Ogni incidente, ogni esperienza che può essere richiamata con dettagli e precisione, viene raccontata. Tutte le sue qualità, le buone azioni, i punti di forza e gesti di gentilezza vengono enunciate attentamente ed a lungo. Questa cerimonia tribale spesso dura per diversi giorni ed alla fine, il cerchio tribale è rotto, una gioiosa celebrazione ha luogo, e la persona è simbolicamente e letteralmente accolta di nuovo nella tribù".

Attraverso questo processo, le persone che hanno sbagliato recuperano la loro autostima e la loro partecipazione attiva all'interno della tribù. Grazie a tale processo unico, si dice che i crimini si verificano raramente nella loro società.

Quando vediamo i difetti degli altri, possiamo decidere se giudicarli e condannarli o se il nostro cuore misericordioso e pietoso prenderà il sopravvento. Con questo tipo di valutazione, possiamo esaminare quanta umiltà ed amore abbiamo coltivato. Controllando costantemente noi stessi, non dovremmo essere contenti di quello che abbiamo già compiuto, solo perché siamo stati fedeli per lungo tempo.

Prima di diventare santificati completamente, ognuno ha una natura tale da permettere che l'arroganza cresca in sé stesso. Pertanto, è molto importante estirpare le radici della natura arrogante, infatti, queste potrebbero venir fuori in qualsiasi momento, se non le estirpiamo completamente attraverso fervide preghiere. È proprio come quando si tagliano le erbacce, queste continuano a crescere, a meno che non siano completamente estirpate le radici. Vale a dire, fino a quando la natura peccaminosa non verrà completamente rimossa dal cuore, la superbia si ripresenterà, nonostante si conduca una vita nella fede da lungo tempo. Pertanto, dobbiamo sempre umiliarci come bambini davanti al Signore, considerare gli altri meglio di noi stessi, e continuamente sforzarci di coltivare l'amore spirituale.

Le persone arroganti credono in se stessi

Nabucodonosor aprì l'epoca d'oro della Grande Babilonia. Una delle meraviglie del mondo antico, il giardino pensile, fu ideato proprio durante il suo tempo. Era orgoglioso che proprio durante il suo regno e grazie al suo smisurato potere, così tante opere straordinarie erano state compiute. Fece costruire una statua che rappresentava se stesso, e lo fece per farla adorare al popolo. Daniele 4:30 dice: *"Il re disse: 'Non è questa la grande Babilonia che io ho costruita come residenza reale con la forza della mia potenza e per la gloria della mia maestà?'"*

Dio alla fine gli fece capire chi era davvero il dominatore del mondo (Daniele 4:31-32). A causa del suo incontro con Dio visse fuori dal palazzo, al pascolo sull'erba come le mucche, come un animale selvatico nel deserto per sette anni. Qual era il valore del suo trono in quel momento? Non possiamo ottenere nulla se Dio non lo permette. Nabucodonosor tornò alla ragione dopo sette anni. Realizzò la sua arroganza e riconobbe Dio. In Daniele 4:37 leggiamo: *"Ora io, Nabucodonosor, lodo, esalto e glorifico il Re del cielo, perché tutte le sue opere sono vere e le sue vie giuste, ed Egli ha il potere di umiliare quelli che procedono con superbia".*

Non si tratta solo di Nabucodonosor. Alcuni non credenti nel mondo dicono: "Io credo in me stesso". Ma per loro il mondo non è facile da dominare. Ci sono molti problemi nel mondo che non possono essere risolti attraverso le capacità umane. Anche la migliore conoscenza scientifico-tecnologica è inutile prima di una calamità naturale, non essendo in grado di arrestare tifoni, terremoti e altri disastri imprevisti.

E quanti tipi di malattie non possono essere curate con i farmaci moderni? Molte persone si affidano a se stessi piuttosto che a Dio quando hanno dei problemi, basandosi sui loro pensieri, esperienze e conoscenze, ma quando non hanno successo e si trovano ancora faccia a faccia con i loro problemi, si lamentano con Dio nonostante non siano credenti. Questo causa l'arroganza che dimora nel loro cuore ed a causa di tale arroganza, non confessano la loro debolezza e non riescono a riconoscere umilmente Dio.

La cosa più patetica è che alcuni credenti in Dio si basano sulle cose terrene e su se stessi, piuttosto che su Dio. Dio vuole che i Suoi figli prosperino e vivano nel suo aiuto, ma se non siete disposti, nella vostra arroganza, a umiliarvi davanti a Dio, Egli non vi potrà aiutare e quindi non sarete protetti dal diavolo e non potrete prosperare. Proprio come Dio ci dice in Proverbi 18:12, *"Prima della rovina, il cuore dell'uomo s'innalza, ma l'umiltà precede la gloria"*, la cosa che causa in voi fallimenti e distruzione non è altro che la vostra arroganza.

Dio ritiene che l'arrogante sia uno sciocco. Rispetto a Dio che fa del Cielo un trono e della terra lo sgabello dei suoi piedi, quanto è minuscola la presenza dell'uomo? Tutti gli uomini sono stati creati a immagine di Dio e, come suoi figli, siamo tutti uguali a prescindere dalle nostre posizioni. Non importa di quante cose terrene potremmo vantarci: la vita in questo mondo è solo un momento. Quando questa breve vita volgerà al termine, tutti saranno giudicati davanti a Dio e saremo esaltati in Cielo in base a ciò che abbiamo fatto in umiltà su questa terra. È per questo che il Signore ci esalterà come dice Giacomo 4:10: *"Umiliatevi davanti al Signore, ed egli v'innalzerà"*.

Se l'acqua rimane in una piccola pozzanghera, ristagnerà e diventerà putrida e piena di vermi, ma se l'acqua scorre incessantemente in discesa, finirà per raggiungere il mare per dare vita a tante cose viventi. Allo stesso modo, dobbiamo umiliarci in modo da diventare grandi agli occhi di Dio.

Caratteristiche dell'amore spirituale I

1. È paziente
2. È benevolo
3. Non invidia
4. Non si vanta
5. Non è arrogante

6. L'amore non si comporta in modo sconveniente

Si definisce "comportamento consono" il modo socialmente corretto di agire, gli atteggiamenti e i comportamenti delle persone verso gli altri. Le etichette culturali hanno ampie variazioni di forma nella nostra vita di tutti i giorni, nelle nostre conversazioni, in sala da pranzo, nei luoghi pubblici come i teatri.

Le buone maniere sono una parte importante della nostra vita. I comportamenti socialmente accettabili, appropriati per ogni luogo ed occasione, producono anche buone impressioni sugli altri. Al contrario, se non mostriamo un comportamento corretto e se ignoriamo l'etichetta di base, potremmo causare disagio alle persone intorno a noi. Inoltre, se diciamo che amiamo qualcuno, ma agiamo in maniera sconveniente verso quella persona, sarà difficile per quella persona credere che realmente la amiamo.

Una definizione di "sconveniente" è: "non in accordo con gli standard appropriati per la propria posizione o condizione di vita". Anche in questo caso, abbiamo molti tipi di etichette culturali standard nella nostra vita di tutti i giorni, come nei saluti e nelle conversazioni. Con nostra sorpresa, molte persone non sono consapevoli di aver agito in modo sconveniente anche dopo aver agito bruscamente. In particolare, è più facile per noi agire in modo privo di "etichetta" verso coloro che ci sono vicini. Questo accade quando ci sentiamo bene con alcune persone, e di conseguenza tendiamo ad agire con maleducazione o senza un'etichetta di comportamento.

Ma se abbiamo il vero amore, non dobbiamo mai compiere atti

sconvenienti. Supponiamo di possedere un gioiello molto prezioso. Lo trattiamo con noncuranza? Saremmo molto cauti e attenti nel gestirlo per non romperlo, danneggiarlo o perderlo. Allo stesso modo, se si ama davvero qualcuno, con quanta attenzione bisogna trattarlo?

Le azioni sconvenienti possono avere due direzioni: maleducazione di fronte a Dio e maleducazione verso l'uomo.

Azioni sconvenienti verso Dio

Anche tra quelli che credono in Dio e dicono di amarlo, c'è chi si comporta in modo sconveniente. Ad esempio, sonnecchiare durante i servizi in chiesa è una delle principali scortesie davanti a Dio. Farlo durante un servizio di culto è come farlo davanti alla presenza di Dio stesso.

Come potrebbe essere considerato, se non scortese, assopirsi davanti al presidente di un paese o all'amministratore delegato di una società? Quindi, quanto più disdicevole è appisolarsi davanti a Dio? Addormentarsi in chiesa mette in ragionevole dubbio il nostro amore per Dio. Oppure, supponiamo che durante una passeggiata con la persona che amante, iniziaste a sonnecchiare. Come potete affermare di amarla veramente?

Questo vale anche se durante i servizi di culto iniziate a parlare di cose personali con le persone sedute vicino a voi o se sognate ad occhi aperti. Anche questo è agire in modo sconveniente. Comportamenti come questi sono un'indicazione che il credente manca di rispetto e di amore per Dio.

Tali comportamenti influenzano anche i predicatori. Supponiamo che ci sia un credente che durante la predicazione continui a parlare con il suo vicino, a pensare visibilmente ad altro o addirittura si appisola, il predicatore può chiedersi se il messaggio non sia abbastanza coinvolgente, potrebbe perdere l'ispirazione dello Spirito Santo, e per questo non essere più in grado di predicare con la pienezza dello Spirito. Tutti questi atti finiranno anche per causare svantaggi sugli altri fedeli.

Vale lo stesso quando ci si alza per uscire dalla chiesa nel bel mezzo del servizio di culto. Naturalmente, ci sono situazioni dove non se ne può fare a meno, e questo non riguarda gli uscieri che prestano il loro servizio e si troveranno a muoversi durante il servizio. Tuttavia, salvo casi molto particolari, è doveroso muoversi solo dopo che il servizio è completamente finito. Alcune persone pensano, "Ascoltiamo solo il messaggio", e vanno via poco prima che il servizio sia finito. Questo è agire in modo sconveniente.

Il servizio di culto odierno è comparabile all'equivalente dell'olocausto offerto nel Vecchio Testamento. Quando si offrivano gli olocausti, bisognava tagliare gli animali in pezzi e poi bruciarne tutte le parti (Levitico 1:9).

Questo, rapportato al presente, significa che dobbiamo offrire un servizio di culto adeguato dall'inizio alla fine secondo un certo insieme di formalità e procedure. Dobbiamo seguire l'ordine di sequenza del servizio di culto con tutto il cuore, a cominciare dalla preghiera silenziosa fino alla benedizione finale. Quando cantiamo lodi o preghiamo, durante il momento dell'offerta o durante gli annunci, dobbiamo essere presenti con tutto il nostro cuore. Oltre che nei servizi ufficiali di chiesa, dobbiamo offrire il nostro cuore in ogni tipo di incontro di preghiera, di lode e adorazione o nei servizi di culto dei gruppi.

Per adorare Dio con tutto il cuore, prima di tutto, non dovremmo mai arrivare in ritardo in chiesa. Se non è corretto essere in ritardo agli appuntamenti in generale, quanto più disdicevole sarà essere in ritardo a un appuntamento con Dio? Dio è sempre in attesa presso il luogo di culto per accettare la nostra adorazione.

Non soltanto dovremmo arrivare in tempo per l'inizio del servizio, ma è buona norma arrivare con largo anticipo, per pregare, pentirsi e prepararsi al culto. Inoltre, anche utilizzare i telefoni cellulari durante il servizio di culto, lasciare correre e giocare i nostri bambini in giro senza controllo è agire in modo sconveniente. Come lo è masticare gomme o mangiare. Anche queste rientrano nella categoria di azioni sconvenienti.

Anche l'aspetto personale che si ha durante il culto è importante. Normalmente, non è appropriato andare in chiesa indossando degli abiti da casa o indumenti destinati al lavoro. Questo perché l'abbigliamento è un modo per esprimere la nostra riverenza e il rispetto che portiamo verso un'altra persona. I figli di Dio che credono veramente in Dio sanno quanto Lui sia prezioso. Così, quando vengono a adorarlo, arrivano con gli abiti più puliti che posseggono.

Naturalmente ci possono essere delle eccezioni. Per il servizio del mercoledì o per quello della veglia del venerdì (entrambi riferiti alla chiesa coreana dell'autore, n.d.t.), molte persone vengono direttamente dai loro posti di lavoro e siccome si affrettano per arrivare in orario, potrebbero non avere il tempo per indossare altri abiti. In questo caso non si potrà dire che le loro azioni siano rozze, e Dio si rallegrerà di loro, perché riceve da queste persone l'aroma del loro cuore, considerando che hanno fatto di tutto per arrivare in tempo per il servizio di culto.

Dio vuole avere con noi una comunione d'amore attraverso il servizio di culto e la preghiera. Sono compiti che ogni figlio di Dio deve fare. In particolare, la preghiera è conversare con Dio. A volte, mentre gli altri pregano, potremmo toccarli e interrompere la loro preghiera perché c'è una situazione di emergenza, che è la medesima cosa di quando interrompiamo una persona mentre sta parlando con il proprio superiore.

Oppure, quando pregate, se aprite gli occhi e smettete di pregare di colpo solo perché avete ricevuto una chiamata, state agendo in maniera sconveniente. In questo caso, si dovrebbe prima finire la preghiera e poi rispondere.

Se offriamo la nostra adorazione e la nostra preghiera in spirito e verità, Dio ci restituirà benedizioni e ricompense. Egli risponde alle nostre preghiere in modo rapido, perché riceve l'aroma del nostro cuore con gioia. Ma, se accumuliamo atti sconvenienti per uno, due anni, e così via, si creerà un muro di peccato tra noi e Dio. Anche tra marito e moglie o tra genitori e figli, se la relazione continua senza amore, ci saranno molti problemi. È lo stesso con Dio. Se abbiamo costruito un muro tra noi e Lui, non possiamo essere protetti da malattie o incidenti, e potremmo trovarci ad affrontare dei problemi. Se ripetutamente manteniamo degli atteggiamenti scorretti durante i servizi di culto o durante il nostro tempo di preghiera, non possiamo aspettarci di ricevere le risposte alle nostre preghiere, anche se preghiamo a lungo.

La Chiesa è la Santa Casa di Dio

La chiesa è il luogo dove abita Dio. Nel Salmo 11:4 leggiamo: *"Il Signore è nel suo tempio santo; il Signore ha il suo trono nei cieli"*.

Ai tempi dell'Antico Testamento, non tutti potevano entrare nel luogo santo; solo i sacerdoti erano in grado di accedervi. Solo una volta l'anno, e solo il sommo sacerdote, poteva entrare nel luogo santissimo all'interno del luogo santo. Ma oggi, per la grazia del Signore nostro, chiunque può entrare nel santuario e adorarlo, perché Gesù ci ha riscattati dai nostri peccati con il suo sangue, come è detto nella Lettera agli Ebrei 10:19: *"Avendo dunque, fratelli, libertà di entrare nel luogo santissimo per mezzo del sangue di Gesù"*.

Il santuario non identifica solo il luogo in cui noi adoriamo, ma è anche lo spazio compreso all'interno dei confini della chiesa, tra cui il giardino e le altre strutture. Pertanto, ovunque ci troviamo all'interno della chiesa, dovremmo essere attenti anche alla più piccola parola ed azione. Nel santuario non dobbiamo arrabbiarci e litigare, parlare di divertimenti mondani o di lavoro. Lo stesso vale per la gestione con noncuranza delle cose sante di Dio all'interno della chiesa o il danneggiarle, romperle o gettarle.

In particolare, l'acquisto o la vendita di qualsiasi cosa nella chiesa non è accettabile. Oggi, con lo sviluppo degli acquisti via Internet, alcune persone pagano per quello che stanno comprando su Internet in chiesa e ricevono l'oggetto in chiesa. Questa è certamente una transazione commerciale e non dobbiamo dimenticare che Gesù rovesciò i tavoli dei cambiavalute e si allontanò da quelli che vendevano gli animali per i sacrifici.

Gesù non ha accettato neanche che gli animali allevati per i sacrifici, venissero venduti al Tempio. Pertanto, non dobbiamo comprare o vendere qualcosa in chiesa per esigenze personali. Sarebbe la stessa cosa di avere un bazar nel cortile della chiesa.

Qualunque luogo nella chiesa è pensato per essere utilizzato nell'adorazione di Dio e per la comunione tra fratelli e sorelle nel Signore. Quando preghiamo e abbiamo riunioni frequenti in chiesa, dobbiamo stare attenti a non diventare insensibili alla santità della Chiesa. Se amiamo la Chiesa, non agiremo in modo disdicevole al suo interno, come scritto nel Salmo 84:10: *"Un giorno nei tuoi cortili val più che mille altrove. Io preferirei stare sulla soglia della casa del mio Dio, che abitare nelle tende degli empi"*.

Azioni sconvenienti nei confronti delle persone

La Bibbia dice che colui che non ama suo fratello non può amare Dio. Se agiamo in maniera disdicevole nei confronti di altre persone che sono visibili, come possiamo avere massimo rispetto per Dio, che non vediamo?

> *"Se uno dice: 'Io amo Dio', ma odia suo fratello, è bugiardo; perché chi non ama suo fratello che ha visto, non può amare Dio che non ha visto"* (1 Giovanni 4:20).

Consideriamo gli atti comunemente sconvenienti nella nostra

vita quotidiana, di cui non ci rendiamo conto. Di solito, se cerchiamo il nostro beneficio senza pensare alle esigenze degli altri, finiamo per agire in modo maleducato. Ad esempio, quando usiamo il telefono, è sempre giusto rispettare un protocollo. Se chiamiamo a tarda sera o di notte o se parliamo al telefono per molto tempo con una persona che è molto occupata, gli provocheremo dei danni. Essere in ritardo agli appuntamenti o andare in visita inaspettatamente a casa di qualcuno, come presentarsi senza preavviso, sono tutti esempi di scortesia.

Si potrebbe pensare: "Ci conosciamo così bene che pensare a tutte queste regole sulle cose che ci riguardano è troppo formale". Si può avere un ottimo rapporto con un'amica o un'altra persona, ma è molto difficile capire l'altrui cuore totalmente. Potremmo pensare che stiamo esprimendo la nostra amicizia verso un'altra persona, ma questa potrebbe prenderla in modo diverso. Pertanto, dovremmo cercare di pensare dal punto di vista dell'altro e soprattutto stare attenti a non comportarci scortesemente.

Molte volte si possono usare parole imprudenti o agire in una maniera tale da ferire i sentimenti o offendere coloro che ci sono accanto. Agiamo bruscamente con familiari o amici molto stretti in questo modo, ed alla fine, il rapporto diventa difficile fino a deteriorasi. Inoltre, alcune persone anziane trattano in maniera inadatta le persone più giovani o quelle che occupano posizioni inferiori. Parlano senza rispetto, o hanno atteggiamenti autoritari che fanno sentire gli altri a disagio.

Oggi è difficile trovare persone che offrono il loro aiuto con tutto il cuore ai loro genitori, agli insegnanti e agli anziani, ai quali dobbiamo ovviamente dare i nostri servigi. Alcuni potrebbero dire che le situazioni sono cambiate, ma c'è qualcosa che non cambia mai. Levitico 19:32 dice: *"Àlzati davanti al capo canuto, onora la persona del vecchio e temi il tuo Dio. Io sono il Signore"*.

La volontà di Dio per noi è quella di compiere il nostro dovere, in mezzo agli uomini. I figli di Dio devono anche osservare la legge e l'ordine del paese in cui vivono e non agire mai in modo sconveniente. Ad esempio, le nostre azioni possono essere considerate sconvenienti per molti se causiamo dei trambusti in un luogo pubblico, se espettoriamo sui marciapiedi o violiamo il codice della strada. Siamo cristiani, dovremmo essere luce e sale del mondo, e quindi, dobbiamo essere molto cauti con le parole, le azioni e i comportamenti.

La Legge dell'Amore è il principio supremo

La maggior parte delle persone trascorre gran parte del proprio tempo incontrando e parlando con i propri simili, mangiandoci insieme e lavorando con loro. In tal senso, esistono molti tipi di etichette culturali nella nostra vita quotidiana, ma ognuno di noi ha un diverso grado di istruzione, oltre che culture diverse tra paesi e tra razze. Ma allora, quale dovrebbe essere lo standard nei nostri usi e costumi?

Lo standard è la legge dell'amore presente nel nostro cuore. Quando dico la legge dell'amore mi riferisco alla legge di Dio che è amore Egli stesso. Vale a dire, nella misura in cui imprimiamo la Parola di Dio nel nostro cuore e la pratichiamo, avremo degli atteggiamenti degni del Signore e non agiremo sconvenientemente. Un altro significato della legge dell'amore è la "considerazione".

Un uomo camminava per la sua strada in una notte buia con una lampada in mano. Un altro uomo camminava nella direzione opposta, e quando vide quest'uomo con la lampada, si accorse che era cieco. Così gli chiese perché aveva con sé una lampada, anche se non poteva vedere. E questi, rispose: "Così non ti scontrerai con me. Questa lampada è per te". Da questa storia percepiamo cosa significa "considerazione".

La considerazione verso gli altri, anche se può sembrare banale, ha il grande potere di muovere il cuore. Gli atti inadeguati provengono dalla sconsideratezza verso gli altri, il che significa che vi è una mancanza di amore. Se amiamo veramente gli altri, saremo sempre rispettosi nei loro confronti e non agiremo in modo inappropriato.

In agricoltura se tra tutti frutti ne rimuoviamo troppi di quelli scadenti, i frutti coltivati assorbiranno tutti i nutrienti disponibili, ed in questo modo avranno la buccia troppo spessa ed il loro sapore non sarà buono. Se non siamo rispettosi con gli altri, nell'immediato saremo in grado di godere di tutte le cose che abbiamo a disposizione, ma diventeremo solo persone di cattivo gusto e insensibili, con la "pelle spessa", proprio come i frutti che sono sovra nutriti.

Perciò, come dice Colossesi 3:23, *"Qualunque cosa facciate, fatela di buon animo, come per il Signore e non per gli uomini"*, dobbiamo servire tutti con il massimo rispetto.

7. L'amore non cerca il proprio interesse

Nel mondo in cui noi oggi viviamo, non è difficile trovarsi di fronte al puro egoismo. Le persone cercano il proprio beneficio e non il bene pubblico. In alcuni paesi hanno messo sostanze chimiche nocive nel latte in polvere destinato ai neonati. Alcuni causano gravi danni al loro paese rubandone la tecnologia.

A causa del problema "No nel mio giardino!", è difficile per i governi riuscire a costruire strutture pubbliche come le discariche o i forni crematori. Le persone non si preoccupano del bene di altre persone, ma solo del proprio. Anche non arrivando ad atti così estremi come questi, possiamo trovare molti atti egoistici nella nostra vita di tutti i giorni.

Ad esempio, alcuni colleghi o amici vanno a mangiare insieme. Devono scegliere cosa mangiare, e uno di loro insiste sulla scelta e un'altro segue ciò che questa persona vuole, ma dentro di sé non condivide questa scelta. Ancora, un'altra persona chiede sempre prima il parere degli altri, e se gli piace il cibo che gli altri hanno scelto, mangia con piacere. In quale categoria ti riconosci?

Un gruppo di persone sono in riunione per preparare un evento ed hanno diverse opzioni a disposizione. Uno di loro cerca di convincere gli altri fino a quando non sono d'accordo con lui. Un'altra persona non insiste tanto sul suo parere, ma quando non è d'accordo con i pareri altrui, mostra riluttanza, ma accetta.

Ed ancora, un'altra persona ascolta gli altri ogni volta che esprimono le loro opinioni, e anche se la loro idea è diversa dalla sua, cerca di seguirla. Tale differenza deriva dalla quantità di amore che ognuno ha nel suo cuore.

Se c'è un conflitto di opinioni che porta a litigi o discussioni, è perché le persone sono alla ricerca del proprio tornaconto. Se in una coppia sposata ognuno è fermo solo sulle proprie opinioni, vivranno in costante conflitto e non saranno in grado di capirsi l'un l'altro. Potranno ritrovare la pace solo quando e se ognuno cederà qualcosa, ed entrambi cercheranno di capirsi. Purtroppo spesso, però, la pace si lacera perché ognuno insiste sulle proprie opinioni.

Se amiamo qualcuno, ci prendiamo cura di quella persona più di noi stessi. Consideriamo l'amore dei genitori. La priorità della maggior parte dei genitori è rappresentata dai loro figli, che vengono posti prima di loro stessi, al punto che le madri preferiscono sentirsi dire "Tua figlia è così bella", piuttosto che "Tu sei bella".

Piuttosto che mangiare loro del cibo delizioso, sono più felici quando i loro figli mangiano bene. Piuttosto che indossare bei vestiti, si sentono più felici di vestire i loro bambini con bei vestiti. Inoltre, vogliono che i loro figli siano più intelligenti di loro stessi e che siano riconosciuti e amati dagli altri. Se diamo questo tipo di amore a chi ci sta vicino e a chiunque altro, quanto sarà compiaciuto Dio Padre con noi!

Abramo ricerca il beneficio degli altri con amore

Anteporre gli interessi degli altri al nostro, nasce dall'amore sacrificale. Abramo è un buon esempio di una persona che ha cercato il beneficio altrui primo di quello proprio.

Quando Abramo lasciò la sua città natale, suo nipote Lot lo seguì. Anche Lot godeva di grandi benedizioni grazie ad Abramo, avendo ricevuto da lui così tanti animali in dono, a tal punto che non c'era abbastanza acqua per le greggi e le mandrie di entrambi. A volte i pastori di entrambe le parti litigavano.

Abramo non voleva che la pace venisse meno, così diede a Lot il diritto di scegliere per primo quale parte della terra volesse per sé e quale parte lasciargli. La parte più importante per la cura delle mandrie è dove si trovano erba ed acqua. Cedere la terra migliore era, in un certo senso, lo stesso che rinunciare a ciò che era necessario per la sopravvivenza.

Abramo riusciva ad avere così tanta considerazione di Lot perché lo amava moltissimo. Ma Lot, che non capiva affatto l'amore di Abramo nei suoi confronti, scelse la parte di terra migliore, la valle a sinistra del Giordano. E Abramo si sentì forse a disagio vedendo Lot scegliere subito e senza esitazione quello che era meglio per sé stesso? Affatto! Fu contento che suo nipote avesse la terra migliore.

Dio vide il buon cuore di Abramo e lo benedisse ancora di più, ovunque andasse, tanto che, a motivo della sua grande e immensa ricchezza, veniva rispettato anche dai re della zona. Così, come appena visto qui, le benedizioni di Dio arriveranno quando ricerchiamo prima del nostro, il beneficio degli altri.

Se diamo qualcosa che ci appartiene ai nostri cari, la gioia sarà più grande di qualsiasi altra cosa, una gioia che solo coloro che hanno dato qualcosa di molto prezioso alle persone amate possono capire. Gesù godeva di tale gioia. Questa grande felicità può essere posseduta quando coltiviamo l'amore perfetto. È difficile dare a coloro che odiamo, ma non è affatto difficile da dare a coloro che amiamo. Dovremmo essere felici di dare.

Godere della più grande felicità

L'amore perfetto ci permette di godere della più grande felicità. E per avere un amore perfetto come Gesù, dobbiamo pensare agli altri prima di noi stessi. Piuttosto che noi stessi o il nostro prossimo, Dio, il Signore e la chiesa dovrebbero essere la nostra priorità, e se lo facciamo, Egli si prenderà cura di noi. Quando cerchiamo il beneficio del nostro prossimo, Lui sa come ricompensarci. Non solo, in Cielo sono conservate le nostre ricompense eterne. È per questo che Dio dice, in Atti 20:35, *"Vi è più gioia nel dare che nel ricevere"*.

Qui, dobbiamo essere chiari su una cosa. Non dobbiamo crearci problemi di salute, lavorando fedelmente per il regno di Dio oltre il limite della nostra forza fisica. Dio accetterà il nostro cuore, se cerchiamo di essere fedeli oltre i nostri limiti, ma il nostro corpo ha bisogno di riposo. Dovremmo anche prenderci cura del benessere della nostra anima pregando, digiunando e imparando la Parola di Dio, e non solo lavorare per la chiesa.

Alcuni causano svantaggio o procurano danni a familiari ed altri spendendo troppo tempo nelle attività religiose o nelle attività della chiesa. Ad esempio, alcune persone non possono espletare correttamente le loro mansioni sul posto di lavoro, perché sono a digiuno ed alcuni studenti potrebbero trascurare i loro studi per partecipare alle attività della scuola domenicale.

In questi casi, chi si mette in queste situazioni lo potrebbe fare pensando che non si sta cercando un beneficio per sé stessi, ma in realtà non è così. Nonostante il fatto che lavorino per il Signore, non sono stati fedeli all'intera casa di Dio, e ciò significa che non hanno svolto l'intero dovere dei figli di Dio. Dopo tutto, hanno solo cercato il proprio beneficio.

Ora, che cosa dobbiamo fare per evitare di cercare il nostro bene in tutte le cose? Dobbiamo fare affidamento sullo Spirito Santo. Lo Spirito Santo, che è il cuore di Dio, ci conduce alla verità. Noi possiamo vivere solo per la gloria di Dio, se facciamo tutto per la guida dello Spirito Santo, come ha detto l'apostolo Paolo, *"Sia dunque che mangiate, sia che beviate, sia che facciate qualche altra cosa, fate tutto alla gloria di Dio"* (1 Lettera ai Corinzi 10:31).

Per essere in grado di fare come appena detto, dobbiamo liberare dal male il nostro cuore. Inoltre, se coltiviamo il vero amore nel nostro cuore, la saggezza del bene scenderà su di noi in modo da poter discernere la volontà di Dio in ogni situazione. Se la nostra anima prospera, tutto andrà per il meglio per noi e saremo in buona salute, in modo da essere fedeli a Dio al massimo delle nostre potenzialità. Saremo amati anche dai nostri vicini e familiari.

Quando gli sposi vengono da me per ricevere la preghiera di benedizione, prego sempre affinché cerchino in primo luogo i benefici l'uno per l'altro. Se cominciano a cercare ognuno i propri, non saranno in grado di avere una famiglia tranquilla.

Siamo in grado di cercare il beneficio di coloro che amiamo o di coloro che possono rappresentare un vantaggio per noi. Ma per quelli che ci fanno vivere momenti difficili in ogni campo e che seguono sempre e solo i propri interessi? E che dire di quelli che infliggono danni o ci fanno soffrire, o di quelli che non possono fornirci alcun vantaggio? Come ci comportiamo nei confronti di coloro che agiscono in menzogna e parlano male di noi per tutto il tempo?

In questi casi, se li evitiamo o se non siamo disposti a sacrificarci per loro, significa che stiamo ancora cercando il nostro beneficio. Dovremmo essere in grado di sacrificare noi stessi e dare addirittura la precedenza a quelle persone che hanno idee diverse dalle nostre. Solo allora potremmo essere considerati individui che donano l'amore spirituale.

8. L'amore non si inasprisce

L'amore rende il cuore degli uomini positivi. D'altra parte, la rabbia rende il cuore negativo. La rabbia fa male al cuore e lo rende scuro. Quindi, se ti arrabbi, non puoi dimorare nell'amore di Dio. Le principali insidie che Satana pone davanti ai figli di Dio sono l'odio e la rabbia.

Inasprirsi non significa solo essere sempre arrabbiato, gridare, maledire o essere violenti. Vi inasprite anche quando il vostro viso si distorce e cambia colore o anche se il vostro parlare diventa brusco. Anche se in misura diversa a seconda dei casi, tutto questo è ancora espressione di odio e rancore nel cuore. Ma comunque non dobbiamo giudicare o condannare qualcuno pensando che è arrabbiato solo guardando il suo aspetto esteriore. Non è facile per nessuno capire esattamente il cuore di un altro.

Una volta Gesù scacciò quelli che vendevano merci nel Tempio. I mercanti istituirono dei tavoli e cambiavano denari o vendevano bestiame alle persone che venivano al Tempio di Gerusalemme per osservare la Pasqua. Gesù era delicato. Non litigava o gridava, e nessuno lo aveva mai sentito alzare la voce in una piazza. Eppure, di fronte a questa scena, il suo atteggiamento fu molto diverso dal solito.

Si fece una frusta con una corda e iniziò a cacciare via le pecore, le mucche e gli altri animali destinati ai sacrifici. Rovesciò i tavoli dei cambiavalute e le sedie dei venditori di colombi. Quando la gente intorno a lui vide quello che stava accadendo, avrebbe potuto pensare che Gesù fosse arrabbiato. In quel preciso momento Gesù non agì secondo gli impulsi dettati da cattivi sentimenti come l'odio, piuttosto, questa fu la sua risposta a una giusta indignazione, grazie alla quale ci ha lasciato capire che l'ingiustizia del profanare il tempio di Dio non può essere tollerata. Questa forma di indignazione è il risultato dell'amore per Dio, che, attraverso la sua giustizia, perfeziona l'amore.

Differenza tra indignazione morale e rabbia

In Marco capitolo 3 è scritto che, nel Giorno del Signore, Gesù guarì nella sinagoga un uomo che aveva una mano paralizzata. La gente osservava Gesù per vedere se avesse guarito una persona proprio di sabato, in modo da poterlo accusare di violare il Giorno del Signore. In quel momento, Gesù conosceva il cuore delle persone e chiese: *"È permesso, in un giorno di sabato, fare del bene o fare del male? Salvare una persona o ucciderla?"* (Marco 3:4).

La loro intenzione era stata rivelata, e non ebbero ulteriori parole da dire. La collera di Gesù era rivolta ai loro cuori induriti.

> *"Allora Gesù, guardatili tutt'intorno con indignazione, rattristato per la durezza del loro cuore, disse all'uomo: 'Stendi la mano!' Egli la stese, e la sua mano tornò sana"* (Marco 3:5).

A quel tempo, le persone malvagie cercavano solo di condannare e uccidere Gesù, che stava solo facendo opere buone. Ecco perché, a volte, Gesù usò espressioni forti nel rivolgersi a loro. Lo faceva solo per fagli riconoscere ed abbandonare la via della distruzione. Allo stesso modo, l'indignazione morale di Gesù derivava dal Suo amore. Questa indignazione a volte risvegliava la gente e la riportava alla vita. È in questo senso che la provocazione e l'indignazione morale sono completamente differenti. Solo quando si è diventati santificati e non si hanno più peccati, i suoi rimproveri e il suo rimproverare danno vita alle anime. Ma senza la santificazione del cuore, non si può sopportare questo tipo di frutto.

Ci sono diversi motivi per cui le persone si arrabbiano. In primo luogo, perché le idee della gente e quello che vogliono sono diversi l'uno dall'altro. Ognuno ha una sua educazione ed un trascorso familiare diverso, così come i pensieri e gli standard di giudizio sono tutti diversi l'uno dall'altro. Ciononostante, tutti cercano sempre di portare gli altri ad adattarsi alle proprie idee, ed in questo processo si arriva anche a provare dei sentimenti duri.

Supponiamo che il marito, a differenza della moglie, ami il cibo salato. La moglie potrebbe dire, "troppo sale non fa bene alla tua salute, dovresti consumarne di meno". Lei dà a suo marito questo consiglio, pensando alla sua salute, ma se il marito non lo accetta, lei non dovrebbe insistere. Questi coniugi dovrebbero trovare un modo per cedere le proprie posizioni. Se provano a farlo insieme, creeranno una famiglia felice.

In secondo luogo, una persona può arrabbiarsi quando gli altri non lo ascoltano. Se egli è più anziano o in una posizione più alta, vuole che gli altri obbediscano. Certo, è giusto rispettare gli anziani e obbedire a coloro che sono in posizioni gerarchiche di comando, ma allo stesso tempo non è nemmeno giusto che queste persone forzino coloro che sono in posizioni inferiori a prestare obbedienza.

Ci sono casi in cui una persona che è più in alto gerarchicamente non ascolti i suoi subordinati e pretenda che essi seguano le sue parole incondizionatamente, e casi in cui ci si arrabbia quando si subisce una perdita o si viene trattati ingiustamente. Inoltre, ci si potrebbe arrabbiare quando la gente ci infastidisce senza un motivo, quando una cosa non viene eseguita come richiesta o spiegata o quando la gente ci maledice o ci insulta.

Prima di arrabbiarsi, però, le persone hanno già un'indole cattiva nel loro cuore e le parole o le azioni degli altri non fanno altro che stimolare tale indole. Alla fine la sensazione di agitazione viene fuori sotto forma di rabbia. Non possiamo dimorare nell'amore di Dio e la nostra crescita spirituale è seriamente ostacolata se ci arrabbiamo.

Non possiamo cambiare noi stessi attraverso la verità finché abbiamo un'indole cattiva, e dobbiamo smetterla di farci provocare e liberarci dalla rabbia che la provocazione ci causa. 1 Corinzi 3:16 dice: *"Non sapete che siete il tempio di Dio e che lo Spirito di Dio abita in voi?"*

Rendiamoci conto che lo Spirito Santo dimora nel nostro cuore come in un tempio e che Dio ci guarda sempre. Questo pensiero ci dovrebbe consentire di non cedere a nessuna provocazione solo perché alcune cose non vanno secondo le nostre idee.

L'ira dell'uomo non raggiunge la giustizia di Dio

Guardiamo al profeta Eliseo che ricevette una doppia porzione del dono profetico dal suo maestro, Elia, e che compì più opere di lui attraverso la potenza di Dio. Diede ad una donna sterile la benedizione del concepimento, fece rivivere un morto, guarì i lebbrosi, e sconfisse un esercito nemico. Trasformò l'acqua non potabile in acqua buona mettendoci del sale. Tuttavia, morì di malattia, evento raro per un grande profeta di Dio.

Quale potrebbe essere stato il motivo? Successe mentre saliva a Bethel. Un gruppo di giovani ragazzi che stavano uscendo dalla città iniziarono a beffeggiarlo perché non aveva molti capelli e il suo aspetto non era gradevole. *"Sali, calvo! sali, calvo!"* (2 Re 2:23).

Non un paio, ma decine di ragazzi seguirono e derisero Eliseo per un lungo tratto di strada. A motivo di ciò, lui provò imbarazzo. Li esortò e poi li rimproverò, ma loro non lo ascoltarono. Tanto più si ostinavano nel loro intento di bullismo, tanto più il profeta trovava insopportabile quella situazione.

Bethel era diventata la patria dell'idolatria nel nord di Israele dopo la scissione della nazione. I ragazzi in quella zona avevano i cuori induriti a causa dell'ambiente pregnante di idoli. Gli bloccarono la strada, sputarono su Eliseo, e gli lanciarono anche delle pietre. Eliseo alla fine li maledisse. Dopo di che, due orse uscirono dal bosco e sbranarono quarantadue ragazzi.

Naturalmente, questi ragazzi hanno attirato su di loro la maledizione, beffeggiando un uomo di Dio oltre ogni limite, ma questo episodio ci dimostra che Eliseo, dal suo canto, aveva un'indole cattiva, e non è affatto irrilevante che sia morto di malattia. Possiamo desumere che per i figli di Dio, non è giusto cedere alle provocazioni, *"perché l'ira dell'uomo non compie la giustizia di Dio"* (Giacomo 1:20).

Non cede alle provocazioni

Che cosa dobbiamo fare per non arrabbiarci? Dobbiamo contenere la rabbia usando l'autocontrollo? Proprio come quando comprimiamo una molla molto dura, che accumulerà una grande forza di rimbalzo tale da farla scattare nel momento in cui la rilasciamo, così succede quando ci adiriamo contenendo in noi la rabbia. Se conteniamo la collera, potremo evitare un conflitto, ma solo momentaneamente, perché prima o poi esploderemo. Pertanto, per non essere provocati dobbiamo recidere alla radice il sentimento di rabbia che si annida dentro di noi. Non dobbiamo solo premere verso il basso la collera che proviamo, ma trasformare la nostra rabbia in bontà e amore, in modo da non avere più nulla da spingere giù.

Naturalmente, non possiamo liberarci di un'indole negativa da un giorno all'altro e rimpiazzarla con la bontà e l'amore, questo è un processo costante, che deve procedere di giorno in giorno. In un primo momento, in una situazione provocatoria, dobbiamo lasciare che la situazione sia gestita da Dio ed essere pazienti. Si dice che nello studio di Thomas Jefferson, il terzo presidente degli Stati Uniti, c'era scritto, "Quando sei arrabbiato, conta fino a dieci prima di parlare; se sei molto arrabbiato, fino a cento". Un detto coreano dice "avendo pazienza per tre volte si fermerà un omicidio".

Quando siamo arrabbiati, dovremmo fare marcia indietro e pensare a quali conseguenze ci porterà agire in preda alla collera. A quel punto, noi non faremo nulla di cui rammaricarci o qualcosa di cui vergognarci e mentre cerchiamo di essere pazienti con la preghiera e l'aiuto dello Spirito Santo, ci libereremo velocemente dalla sensazione malvagia della rabbia. Se prima in una determinata situazione ci arrabbiavamo una volta su dieci, man mano il numero si ridurrà a nove e poi otto e così via. Alla fine, proveremo una sensazione di pace anche se ci troviamo in una situazione provocatoria, e quanto saremo felici allora!

Proverbi 12:16 dice: *"Lo stolto lascia scorgere subito il suo cruccio, ma chi dissimula un affronto è uomo prudente"*, e, Proverbi 19:11 dice: *"Il senno rende l'uomo lento all'ira ed egli considera un suo onore passare sopra le offese"*.

La rabbia è solo una componente del pericolo e dovremmo essere in grado di renderci conto di quanto sia pericoloso arrabbiarsi. Il vincitore finale sarà colui che sopporta. Alcune persone esercitano l'autocontrollo quando sono in chiesa, anche in situazioni che possono farle arrabbiare, ma facilmente si arrabbiano a casa, a scuola, o sul posto di lavoro. Dio non esiste solo in chiesa.

Lui conosce ogni posizione che assumiamo, ogni parola che diciamo e ogni pensiero che ci attraversa. Lui ci vede ovunque, e lo Spirito Santo abita nel nostro cuore. Quindi, dobbiamo vivere come se ci trovassimo sempre di fronte a Dio, in ogni momento.

Una certa coppia di coniugi stava avendo una discussione, e il marito, arrabbiato, gridò alla moglie di chiudere la bocca. La donna ne rimase talmente sconvolta che non aprì più bocca per parlare fino al giorno della sua morte. Pensate alla sofferenza che questa crisi di collera del marito aveva causato nella moglie. Cedere alle provocazioni e sfociare nella rabbia può portare molte persone a soffrire. Ecco perché dovremmo cercare di liberarci da ogni cattivo sentimento.

9. L'amore non addebita il male

Nel condurre il mio ministero mi sono imbattuto in una grande varietà di persone. Alcune persone sentono l'emozione dell'amore di Dio semplicemente pensando a Lui e cominciano a piangere, mentre altri hanno difficoltà a sentire profondamente l'amore di Dio nel loro cuore, anche se lo amano e credono in Lui.

La misura in cui sentiamo l'amore di Dio dipende dalla misura in cui ci siamo liberati dai peccati e dal male. Nella misura in cui viviamo la Parola di Dio e ci liberiamo dal male presente nel nostro cuore, possiamo sentire l'amore di Dio nel profondo del nostro. Così la nostra crescita nella fede avanzerà. Potremmo talvolta incontrare difficoltà nel cammino della fede, ma in quei momenti dobbiamo ricordare l'amore di Dio che ci attende sempre. Finché ci ricordiamo il Suo amore, non prenderemo in considerazione un torto subito.

Tenere conto di un torto subito

Nel suo libro "Healing Life's Hidden Addictions' (Guarire dalla dipendenze nascoste dell'esistenza, n.d.t.) il dott. Archibald D. Hart, ex preside della Facoltà di Psicologia presso il Fuller Theological Seminary, dice che un giovane su quattro in America soffre di grave depressione, e che la depressione, la droga, il sesso, internet, il consumo di alcol e il fumo stanno rovinando la vita dei giovani.

Appena i tossicodipendenti smettono di usare sostanze che

alterano il pensiero, le sensazioni e i comportamenti, però, si ritrovano con poca o nessuna capacità di reazione. Per sfuggire da questo, il tossicodipendente può rivolgere la sua attenzione ad altri comportamenti che creano dipendenza e che possono manipolare la chimica del cervello, e tra questi possono essere inclusi il sesso, l'amore e i rapporti occasionali. Non trovano la vera soddisfazione in niente, sono incapaci di sperimentare la grazia e la gioia che viene dal rapporto con Dio, e quindi, secondo il dottor Hart, vivono una grave malattia. La dipendenza è un tentativo di ottenere soddisfazione da cose diverse dalla grazia dalla gioia che Dio dona. Questa insoddisfazione non altro che il risultato dell'ignorare Dio. Un tossicodipendente potrebbe, potenzialmente, pensare a un torto subito per il resto della sua esistenza.

Ora, che cos'è un torto subito? Quali sono le reazioni possibili a un torto subito che non sono in accordo con la volontà di Dio? Possiamo classificarle in tre categorie.

La prima è il pensiero che porta a desiderare che qualcosa vada storto alla persona che ci ha inflitto un torto.
Ad esempio, diciamo, hai avuto un litigio con qualcuno, per cui lo odi così tanto che il tuo pensiero è: "Vorrei che inciampasse e cadesse". Oppure, diciamo che non hai un buon rapporto con un vicino di casa, al quale è accaduto qualcosa di brutto e pensi: "Meglio così!" oppure "Sapevo che sarebbe successo!" Per quanto riguarda gli studenti, per esempio, uno di essi potrebbe desiderare che un esame andasse male ad un suo compagno di classe.

Se c'è il vero amore in voi, non dovete pensare mai queste cose malvagie. Volete che i vostri cari si ammalino o facciano un incidente? Volete che le vostre mogli o mariti siano sempre in salute e che non abbiano incidenti? Poiché noi non abbiamo l'amore nel nostro cuore, desideriamo che qualcosa vada storto agli altri, e gioiamo per l'infelicità altrui.

Inoltre, se non abbiamo l'amore, vogliamo conoscere le iniquità o i punti deboli degli altri per diffonderli. Supponiamo di essere andati a una riunione, e qualcuno parla male di un'altra persona. Se siete interessati a un tale conversazione, quindi, dovreste controllare il vostro cuore. Se qualcuno ha calunniato i tuoi genitori, vorresti continuare a ascoltarlo? Il tuo desiderio è quello di dire loro di smettere subito.

Naturalmente, ci sono momenti e casi in cui è necessario conoscere determinate situazioni perché si vogliono aiutare quelle persone. Ma quando vi interessa conoscere i dettagli torbidi che riguardano gli altri, il vostro scopo è di calunniare e spettegolare. *"Chi copre gli sbagli si procura amore, ma chi sempre vi torna su disunisce gli amici migliori"* (Proverbi 17:9).

I buoni, quelli che possiedono l'amore nel cuore cercano di coprire le colpe degli altri. Inoltre, se abbiamo l'amore spirituale, non saremo gelosi o invidiosi quando gli altri sono fortunati. Vorremmo solo che siano fortunati e amati dagli altri. Il Signore Gesù ci ha detto di amare anche i nostri nemici. Nella lettera ai Romani 12:14 dice anche, *"Benedite quelli che vi perseguitano. Benedite e non maledite"*.

La seconda consiste nel pensiero malvagio di giudicare e condannare gli altri.

Per esempio, supponiamo che avete visto un credente che

conoscete andare in un luogo dove i credenti non dovrebbero andare. Quali sono i primi pensieri che avete? Sono forse quelli relativi a un'opinione negativa e maligna? In un barlume di bontà, potreste anche pensare che avrà avuto dei motivi nobili per recarsi in un luogo dove non vi sareste aspettato di vederlo. Ma, se nel vostro cuore è presente una radice malvagia però, cambierete la vostra opinione e tornerete a pensare che di certo qualcosa di brutto.

Però, se avete l'amore spirituale nel vostro cuore, sin da subito non avrete dubbi su quel credente. Anche se potrete avere la sensazione che qualcosa non stia andando nel verso giusto, non lo giudicate e non lo condannate, senza esservi prima accertati dei fatti più volte. Come reagiscono i genitori, nella maggior parte dei casi, quando sentono cose negative sui loro figli? Non credono a tutto quello che sentono, insistono nel sostenere che i loro figli non fanno determinate cose e pensano che chi sta dicendo qualcosa a carico dei propri figli sia malvagio. Allo stesso modo, se si ama davvero qualcuno, dovremmo pensare a lui nel miglior modo possibile.

Oggi con molta facilità si pensa il male e si dicono cose cattive riguardo al prossimo. Non accade solo nelle relazioni personali, ma succede anche nei confronti di chi occupa posizioni pubbliche.

Vengono diffuse voci infondate senza neanche provare a vedere l'intero quadro di ciò che è realmente accaduto. A causa di commenti e risposte aggressivi su internet, alcune persone sono arrivate anche a suicidarsi. Giudicano e condannano gli altri solo applicando i propri standard e non con la Parola di Dio. Ma qual è la volontà di Dio?

Giacomo 4:12 ci avverte: *"Uno soltanto è legislatore e giudice, colui che può salvare e perdere; ma tu chi sei, che giudichi il tuo prossimo?"*

Solo Dio può davvero giudicare un cuore, pertanto, giudicare il prossimo è sbagliato. Supponiamo che qualcuno abbia fatto qualcosa di sbagliato in maniera evidente. In questa situazione, per coloro che hanno l'amore spirituale non è importante se chi ha sbagliato sia nel giusto o nel torto in relazione a ciò che ha fatto, per loro è importante pensare a quello che può essere utile. Vogliono solo che l'anima di quella persona prosperi e sia amata da Dio.

Inoltre, l'amore perfetto, non solo copre la trasgressione, ma aiuta il trasgressore, affinché sia in grado di pentirsi. Questo può succedere attraverso la verità, che può toccare il cuore di quella persona in modo che possa andare avanti nel modo giusto ed essere trasformata. Se possediamo un perfetto amore spirituale, non dovremmo cercare unicamente la compagnia di chi è irreprensibile, noi dobbiamo amare tutti, anche quelli con molte trasgressioni. Se non abbiamo alcuna propensione al giudizio o alla condanna, saremo felici con chiunque incontriamo.

La terza categoria riguarda tutti i pensieri che non sono in accordo con la volontà di Dio.

Un pensiero è cattivo non solo quando viene rivolto agli altri, ma anche quando non è conforme alla volontà di Dio. Quelli che vivono seguendo una morale standard e secondo coscienza, affermano di vivere nella bontà.

Ma né la morale, né la coscienza possono essere lo standard

assoluto del bene, in quanto entrambe hanno molte cose che sono o in contrasto o in antitesi alla Parola di Dio. Solo la Parola di Dio è lo standard assoluto del bene.

Coloro che accettano il Signore confessano di essere peccatori e coloro che sono orgogliosi di loro stessi per il sol fatto di vivere una vita fatta di bontà e morale, in realtà hanno ancora il male in loro e sono ancora peccatori, secondo la parola di Dio, perché tutto ciò che non è conforme con la Parola di Dio è il male e il peccato, e la Parola di Dio è l'unico criterio assoluto di bontà (1 Giovanni 3:4).

Allora, qual è la differenza tra peccato e malvagità? In senso lato, il peccato e il male sono entrambi menzogne in contrapposizione alla verità che è la Parola di Dio, fanno parte delle tenebre in opposizione a Dio che è la Luce.

Analizzandoli in maggior dettaglio, sono molto diversi. Volendo contrapporre peccato e malvagità alla figura di un albero, possiamo dire che la "malvagità" è come la radice che si trova sottoterra e non è visibile, e il "peccato" come i rami, le foglie e i frutti.

Senza la radice, un albero non può avere rami, foglie o frutti. Allo stesso modo, il peccato viene commesso a causa della malvagità, che è un'indole presente nel cuore di ognuno e che è contro il bene, l'amore e la verità di Dio. Quando questo male si manifesta in una forma specifica, lo si descrive come peccato.

Gesù ha detto: *"L'uomo buono dal buon tesoro del suo cuore tira fuori il bene, e l'uomo malvagio dal malvagio tesoro del suo cuore tira fuori il male; perché dall'abbondanza del cuore parla la sua bocca"* (Luca 6:45).

Supponiamo che una persona stia dicendo qualcosa per ferire qualcuno che odia. Questo succede quando la malvagità nel suo cuore si manifesta sotto forma di "odio" e "parole brutte", che sono peccati specifici. Un peccato, è tale se risponde al criterio di "peccato", appunto, secondo i parametri dettati dalla Parola di Dio.

Senza legge nessuno può essere neanche punito, perché non esiste uno standard di discernimento e giudizio. Allo stesso modo, il peccato è la trasgressione delle norme contenute nella Parola di Dio. I peccati possono essere classificati in cose della carne e le opere della carne. Le cose della carne sono i peccati commessi nel cuore e nel pensiero come l'odio, l'invidia, la gelosia, il pensiero dell'adulterio, mentre le opere della carne sono le azioni peccaminose, come i litigi, gli scatti d'ira, o l'omicidio.

Qualcosa di simile sono i peccati ed i crimini classificati in altri crimini. Ad esempio, a seconda di contro chi è commesso un reato, può essere contro una nazione, un popolo, o un individuo.

Ma anche se qualcuno ha il male nel cuore, non è detto che commetterà peccati. Se ascolta la Parola di Dio ed ha autocontrollo, può evitare di commettere peccati anche se nel suo cuore possiede la radice malvagia. L'individuo in questione potrebbe ritenersi soddisfatto, pensando che ha già compiuto la santificazione solo perché non ha commesso peccati evidenti.

Ma per essere completamente santificati, dobbiamo eliminare il male presente nell'indole profonda del nostro cuore. Nella natura di ognuno di noi è presente la radice del male ereditata dai nostri genitori, che di norma non si rivela in situazioni normali, ma viene fuori in situazioni estreme.

Un detto coreano recita, "Chiunque salterà il recinto di un

vicino di casa se è a digiuno da tre giorni", che è la stessa cosa di "la necessità non conosce nessuna legge". Fino a quando non saremo completamente santificati, il male che è nascosto in noi può rivelarsi se siamo sottoposti a una situazione estrema.

Anche se estremamente piccoli, gli escrementi delle mosche sono escrementi. Allo stesso modo, anche se non sono peccati, tutte le cose che non sono perfette agli occhi del Dio, che è perfetto, sono forme del male. Ecco perché 1 Tessalonicesi 5:22 dice, *"astenetevi da ogni specie di male"*.

Dio è amore. In sostanza, i comandamenti di Dio possono essere riassunti nella parola "amore". Vale a dire, non amare è il male assoluto. Pertanto, per verificare se stiamo prendendo in considerazione i torti subiti, possiamo pensare a quanto amore abbiamo in noi. Nella misura in cui amiamo Dio e le altre anime, non prenderemo in considerazione un torto subito.

> *"Questo è il suo comandamento: che crediamo nel nome del Figlio suo, Gesù Cristo, e ci amiamo gli uni gli altri secondo il comandamento che ci ha dato"* (1 Giovanni 3:23).

> *"L'amore non fa nessun male al prossimo; l'amore quindi è l'adempimento della legge"* (Romani 13:10).

Non tener conto di un torto subito

Per non tener conto di un torto subito, prima di tutto, non dobbiamo nemmeno vedere o sentire cose cattive e anche se ci capita, non dovremmo cercare di ricordarle o ripensarle o ricordarle. Naturalmente, a volte potremmo non essere in grado di controllare i nostri pensieri. Vero è che un pensiero particolare potrebbe presentarsi più forte, se e quando cerchiamo di non pensarci. Ma, se noi continuiamo a cercare di non avere cattivi pensieri e restiamo in preghiera, lo Spirito Santo ci aiuterà. Non dobbiamo mai intenzionalmente vedere, sentire, o pensare a cose cattive, e, inoltre, dovremmo scacciare via anche i pensieri che all'improvviso e per pochi attimi attraversano la nostra mente.

Non dobbiamo neppure partecipare ad azioni malvagie. 2 Giovanni 1:10-11 dice: *"Se qualcuno viene a voi e non reca questa dottrina, non ricevetelo in casa e non salutatelo. Chi lo saluta, partecipa alle sue opere malvagie"*. Qui Dio ci sta consigliando di evitare il male e di non accettarlo. Mai.

Gli uomini ereditano la propria natura peccaminosa dai loro genitori, poi, vivendo in questo mondo, entrano in contatto con tante falsità. Sulla base di questa natura peccaminosa e falsa, una persona sviluppa il suo carattere personale o "ego". Una vita cristiana significa superare questa indole peccaminosa e falsa dal momento in cui accettiamo il Signore,e per superarla, abbiamo bisogno di una grande pazienza e fatica perché viviamo in questo mondo, dove c'è più familiarità con la menzogna piuttosto che con la verità. È relativamente più facile accettare la menzogna e farla nostra che rifiutarla. Per esempio, è facile macchiare un vestito bianco con inchiostro nero, ma è molto difficile rimuovere la macchia e farlo diventare di nuovo bianco.

Inoltre, anche se sembra un male molto piccolo, può svilupparsi e diventare un grande male in un attimo. Proprio come Galati 5:9 dice, *"Un po' di lievito fa lievitare tutta la pasta"*, un po' di male può diffondersi in molte persone molto rapidamente. Pertanto, dobbiamo essere cauti anche quando vi è un male che sembra piccolo. Per essere in grado di non pensare al male, dobbiamo odiarlo senza ripensamenti. Dio ci comanda *"Voi che amate il Signore, odiate il male!..."* (Salmo 97:10), e ci insegna che *"Il timore del Signore è odiare il male;..."* (Proverbi 8:13).

Se amate con passione qualcuno, amerete ciò che quella persona ama e non vi piacerà ciò che a lei non piace, e non è sempre necessario capirne le ragioni. Quando i figli di Dio, che hanno ricevuto lo Spirito Santo, commettono peccati, lo Spirito Santo in loro geme, questo produce nel loro cuore un senso di afflizione. Poi, quando si rendono conto che quello che hanno fatto è una cosa che Dio odia, cercheranno di non commettere più quei peccati. È importante cercare di liberarsi anche delle più piccole forme di malvagità e di non accettarle più.

La provvidenza di Dio nella preghiera

Il male è una cosa inutile. Proverbi 22:8 dice: *"Chi semina iniquità miete sciagura"*. Possiamo ammalarci noi o i nostri figli, o possiamo essere coinvolti in incidenti, vivere nel dolore a causa della povertà causata da problemi economici. Tutto questo proviene dal male.

> *"Non vi ingannate, non ci si può beffare di Dio; perché quello che l'uomo avrà seminato, quello pure mieterà"* (Galati 6:7).

Naturalmente, i problemi potrebbero non apparire visibili ai nostri occhi nell'immediato ed in questo caso, quando il male si accumula nel tempo, potrebbero riversarsi in futuro sui nostri figli. I non credenti non comprendono questo concetto e persistono nell'agire in molti modi malvagi.

Ad esempio, ritengono normale vendicarsi di chi ha fatto loro del male. Ma Proverbi 20:22 dice: *"'Renderò il male'; spera nel Signore, ed egli ti salverà"*.

Dio controlla la vita, la morte, la fortuna e la sfortuna degli uomini secondo la sua giustizia. Quindi, se facciamo il bene secondo la Parola di Dio, sicuramente raccoglieremo i frutti di bontà, proprio come promesso in Esodo 20:6, che dice: *"Io uso bontà, fino alla millesima generazione, verso quelli che mi amano e osservano i miei comandamenti"*.

Per resistere al male, dobbiamo odiarlo, dobbiamo vivere costantemente affiancati da un lato dalla Parola di Dio dall'altro dalla preghiera. Quando meditiamo sulla Parola di Dio giorno e notte, siamo in grado di liberarci dei cattivi pensieri, in modo che pensieri buoni e spirituali prendano il loro posto.

Inoltre, attraverso la preghiera, possiamo meditare la Parola ancora più profondamente, in modo da poter riconoscere il male nelle nostre parole e azioni. Quando preghiamo con fervore, attraverso l'aiuto dello Spirito Santo, possiamo governare il male che si annida nei nostri cuori fino a liberarcene. Lasciamo che la Parola di Dio e la preghiera facciano il loro lavoro, in modo da poter vivere una vita piena di felicità e priva di malvagità.

10. L'amore non gode dell'ingiustizia

Più è sviluppata una società, più possibilità avranno gli uomini onesti di avere successo. Al contrario, i paesi meno sviluppati tendono ad avere più corruzione, ed è possibile ottenere qualsiasi cosa con il denaro. La corruzione viene definita il cancro di una nazione, perché è legata alla prosperità del paese. La corruzione e l'ingiustizia influiscono in grande misura sulle vite dei singoli cittadini. Le persone egoiste non ottengono una vera soddisfazione perché pensano solo a sé stessi e non amano gli altri.

Non gioire dell'ingiustizia e non tenere conto di un torto subito sono concetti abbastanza simili. Nel primo caso, non ci si compiace di comportamenti, azioni o atteggiamenti vergognosi da cui non ci si lascia coinvolgere, mentre nel secondo caso, ci si è liberati da ogni radice di malvagità del cuore.

Supponete di essere gelosi di un amico che è ricco, e che non vi piace perché pare che egli stia sempre a vantarsi della sua ricchezza. Pensate anche qualcosa del tipo, "È talmente ricco, ed io? Spero che vada in bancarotta". Questo significa avere pensieri di cattiveria. Poi, un giorno qualcuno lo truffa e la sua azienda fallisce da un giorno all'altro. In questo caso, se si prova piacere e si pensa "Si vantava tanto della sua ricchezza, ben gli sta!", ecco, questo è un esempio di gioire o essere soddisfatto di un ingiustizia, e se si ha un ruolo attivo in questo, è gioire attivamente nell'ingiustizia.

Esiste l'ingiustizia in generale, che anche i non credenti pensano sia ingiustizia. Ad esempio, alcune persone accumulano la loro ricchezza con disonestà barando o minacciando gli altri con la forza. Si infrangono regole o leggi e si accetta qualcosa in cambio per il guadagno personale. Se un giudice emette una sentenza ingiusta dopo aver ricevuto tangenti, e un uomo innocente viene punito, questa è un'ingiustizia agli occhi di tutti, in quanto il giudice ha abusato della sua autorità traendone anche dei benefici.

I venditori possono imbrogliare nella quantità o nella qualità o io produttori utilizzare materie prime a basso costo e di bassa qualità per ottenere un ingiusto profitto, non pensando agli altri ma solo al proprio vantaggio a breve termine. Parlo di persona che sanno cosa è giusto, ma non esitano a truffare il prossimo, per godere di ricchezze ingiuste. Sappiamo che sono molti a comportarsi in questo modo. Ma che dire di noi? Possiamo dire che siamo puliti?

Immaginiamo qualcosa simile a quello che sto per ipotizzare. Sei un operaio e scopri che uno dei tuoi amici sta guadagnando illegalmente una grande quantità di denaro in alcuni affari. Se dovesse esser scoperto sarebbe punito duramente, e quindi per farti stare tranquillo ed ignorare quanto sta accadendo per un po', ti offre una cospicua somma di danaro, promettendoti che te ne darà ancora di più in futuro. Nello stesso momento, la tua famiglia sta vivendo una situazione di emergenza che richiede proprio la quantità di denaro che ti viene offerta. Tu, cosa fai?

Immaginiamo un'altra situazione. Un giorno, dopo aver controllato il vostro conto in banca, vi accorgete che disponete di più soldi di quanto pensavate di avere. Siete venuti a sapere che l'importo che doveva essere trasferito a titolo d'imposta non è stato ritirato. In questo caso, come reagite? Vi rallegrate pensando che la colpa è di chi ha sbagliato e non è una vostra responsabilità?

2 Cronache 19:7 dice: *"Ora, il timor del Signore sia in voi; agite con prudenza, poiché presso il Signore, nostro Dio, non c'è perversità, né favoritismi, né si prendono regali"*. Dio è giusto. Possiamo nasconderci dagli occhi della gente, ma non possiamo ingannare Dio. Pertanto, anche solo con il timore di Dio, dobbiamo camminare in giustizia e onestà.

Consideriamo Abramo. Quando suo nipote fu fatto prigioniero a Sodoma durante una guerra, riuscì a riprendere non solo suo nipote ma anche altre persone che erano state catturate ed i loro beni. Il re di Sodoma volle mostrare il suo apprezzamento restituendo ad Abramo alcune cose che aveva portato con sé, ma Abramo non accettò.

> *"Ma Abramo rispose al re di Sodoma: Ho alzato la mia mano al Signore, il Dio altissimo, padrone dei cieli e della terra, giurando che non avrei preso neppure un filo, né un laccio di sandalo, di tutto ciò che ti appartiene; perché tu non abbia a dire: 'Io ho arricchito Abramo'"* (Genesi 14:22-23).

Quando sua moglie Sara morì, un proprietario terriero gli offrì della terra per la sepoltura, ma lui rifiutò, pagando il giusto prezzo. In questo modo non ci sarebbe stata alcuna disputa in futuro sul terreno. Ha fatto quello che ha fatto perché era un uomo onesto e non voleva ricevere alcun guadagno immeritato o profitto ingiusto. Se il suo scopo fosse stato il denaro, avrebbe potuto seguire ciò che era vantaggioso per lui.

Coloro che amano Dio e sono amati da Dio non potranno mai danneggiare qualcuno o cercare il proprio vantaggio violando le leggi e non si aspettano nulla di più di quello che meritano di guadagnare con il loro lavoro onesto. Coloro che godono delle ingiustizie non hanno amore per Dio e per il prossimo.

L'ingiustizia agli occhi di Dio

L'ingiustizia verso il Signore è un po' diversa da quella di cui abbiamo parlato finire. Non consiste solo nell'atto di violare la legge e provocare danni ad altri. Infatti, tutti i peccati sono contro la Parola di Dio. Il peccato esiste quando il male nel cuore si manifesta in una forma specifica, e questa è l'ingiustizia.

Tra i tanti peccati, l'ingiustizia si riferisce in particolare alle opere della carne, come l'odio, l'invidia, la gelosia, e ad altri mali del cuore che si materializzano attraverso azioni come litigi, lotte, truffe, violenza e omicidio. La Bibbia ci dice che se commettiamo ingiustizie, sarà difficile essere salvati.

1 Corinzi 6:9-10 dice: *"Non sapete che gli ingiusti non erediteranno il regno di Dio? Non v'illudete; né fornicatori, né idolatri, né adúlteri, né effeminati, né sodomiti, né ladri, né avari, né ubriachi, né oltraggiatori, né rapinatori erediteranno il regno di Dio"*.

Acan è una delle persone che amavano l'ingiustizia, e questo ha determinato la sua distruzione. Apparteneva alla seconda generazione dell'Esodo e fin dall'infanzia aveva visto e sentito delle cose che Dio aveva fatto per il suo popolo. Testimoniò con i suoi occhi la colonna di fumo di giorno e la colonna di fuoco di notte che li guidava, l'inondazione del fiume Giordano arrestarsi e la città inespugnabile di Gerico cadere in un attimo. Conosceva molto bene anche gli ordini di Giosuè di non prendere nessuna delle cose che erano nella città di Gerico, perché dovevano essere offerte a Dio, ma appena le vide, perse il buon senso a causa della sua avidità.

Dopo aver vissuto per lungo tempo nel deserto una vita arida, le cose viste in città gli devono essere sembrate incredibilmente belle. Non appena vide quel bel mantello e le monete d'oro e d'argento, dimenticò la Parola di Dio e gli ordini di Giosuè e li nascose per se stesso.

Per colpa del peccato di Acan che aveva violato il comandamento di Dio, Israele ebbe molte vittime nella battaglia successiva, e quando fu scoperto che le perdite erano colpa della iniquità di Acan, egli fu lapidato a morte insieme a tutta la sua famiglia. Delle pietre fecero un mucchio e il luogo chiamato la valle di Acor.

Numeri capitolo 22:24 racconta la storia di Balaam, un uomo capace di comunicare con Dio. Un giorno, Balac, re di Moab gli chiese di maledire il popolo d'Israele. Quindi, Dio disse a Balaam: *"Tu non andrai con loro; non maledirai quel popolo perché è benedetto"* (Numeri 22:12).

Dopo aver ascoltato la Parola di Dio, Balaam rifiutò di rispondere alla richiesta del re moabita. Ma quando il re mandò a lui oro, argento e molti tesori, la sua mente fu scossa. Alla fine, i suoi occhi erano accecati dal tesoro, e insegnò al re come creare una trappola davanti al popolo di Israele. Qual è stato il risultato? I figli di Israele mangiarono il cibo sacrificato agli idoli e commisero adulterio portando così su di loro grandi tribolazioni. Alla fine Balaam fu ucciso con la spada. Questo è stato il risultato di aver amato un guadagno ingiusto.

L'ingiustizia è direttamente correlata con la salvezza al cospetto di Dio. Se vediamo fratelli e sorelle nella fede agire ingiustamente, proprio come i non credenti di tutto il mondo, cosa dovremmo fare? Naturalmente dobbiamo piangere per loro, pregare per loro, e aiutarli a vivere secondo la Parola. Eppure, ci sono fedeli che invidiano quelle persone e pensano: "Anche io voglio condurre una vita senza complicazioni e confortevole come la loro". Se agiamo come chi commette ingiustizie, non possiamo dire che amiamo il Signore.

Gesù, essendo innocente, è morto per portare noi, che siamo ingiusti, a Dio (1 Pietro 3:18) Appena ci rendiamo conto di questo grande amore del Signore, non dobbiamo mai gioire nell'ingiustizia. Coloro che non si rallegrano con ingiustizia non si limitano a evitare la pratica dell'ingiustizia, ma vivono attivamente la Parola di Dio e, quindi, possono diventare amici del Signore e vivere una vita prospera (Giovanni 15:14).

11. L'amore gioisce con la verità

Giovanni, uno dei dodici discepoli di Gesù, fu salvato dal martirio, dedicò tutta la sua vita alla diffusione del vangelo di Gesù Cristo e alla volontà di Dio e morì di vecchiaia. Una delle cose di cui si è rallegrato negli ultimi anni di vita è stata quella di sentire che i credenti stavano cercando di vivere secondo la Parola di Dio nella verità.

Egli disse: *"Mi sono rallegrato molto quando sono venuti alcuni fratelli che hanno reso testimonianza della verità che è in te, del modo in cui tu cammini nella verità. Non ho gioia più grande di questa: sapere che i miei figli camminano nella verità"* (3 Giovanni 1:3-4).

Possiamo notare la sua gioia nell'espressione: "Mi sono rallegrato molto". Da giovane, per il suo temperamento caldo, veniva chiamato anche figlio del tuono, ma poi cambiò è fu chiamato l'apostolo dell'amore.

Se amiamo Dio, non praticheremo l'ingiustizia, e, per di più, professeremo la verità e gioiremo con essa. Quando dico "la Verità" mi riferisco a Gesù Cristo, al Vangelo e a tutti i 66 libri della Bibbia. Coloro che amano Dio e sono amati da Lui gioiscono di Gesù Cristo e del Vangelo. Essi si rallegrano quando il regno di Dio si espande. Ora, cosa significa gioire con la verità?

Primo, gioire con il "Vangelo".

Il termine "Vangelo" significa buona notizia, è la buona notizia è che siamo stati salvati per mezzo di Gesù Cristo, e vivremo nel regno celeste. Molte persone cercano la verità ponendo domande tipo, "Qual è lo scopo della vita? Che cosa è la vita preziosa?" Per ottenere le risposte a queste domande, studiano filosofia, o cercano di ottenere le risposte attraverso altre religioni. Ma la verità è Gesù Cristo, e nessuno può entrare in Paradiso senza di Lui. Questo è il motivo per cui Gesù disse: *"Io sono la via, la verità e la vita; nessuno viene al Padre se non per mezzo di me"* (Giovanni 14:6).

Abbiamo ricevuto la salvezza e guadagnato la vita eterna accettando Gesù Cristo. Siamo perdonati dei nostri peccati attraverso il sangue del Signore e per questo non passeremo più l'eternità all'inferno ma in paradiso. Ora capiamo il senso della vita, cosa significa davvero condurre un'esistenza preziosa. Pertanto, è naturale che ci rallegriamo del vangelo. Coloro che gioiscono con il vangelo con diligenza, trasmetteranno anche agli altri questa gioia. Porteranno a compimento le mansioni che Dio ha dato loro, lavoreranno fedelmente per diffondere il vangelo e, inoltre, si rallegreranno quando altre anime accolgono il Vangelo e ricevono la salvezza accettando il Signore. Essi si rallegrano quando il regno di Dio si espande. *"[Dio] il quale vuole che tutti gli uomini siano salvati e vengano alla conoscenza della verità"* (1 Timoteo 2:4).

Ci sono alcuni credenti, tuttavia, che sono gelosi di altri quando evangelizzano molte persone e portano grandi frutti. Alcune chiese sono gelose di altre chiese che sono in crescita e danno gloria a Dio. Questo non è gioire con la verità. Se abbiamo l'amore spirituale nel nostro cuore, noi gioiremo quando vediamo che il regno di Dio si sta compiendo. Gioiremo insieme quando vediamo una chiesa che sta crescendo ed è amata da Dio. Questo è gioire con la verità, che significa gioire con il vangelo.

In secondo luogo, gioire con la verità significa gioire con tutto ciò che appartiene alla verità.

È gioire nel vedere, sentire, e fare le cose che appartengono alla verità, come la bontà, l'amore, e la giustizia. Quelli che si rallegrano con la verità si commuovono e versano lacrime anche udendo piccole buone azioni. Ammettono che la Parola di Dio è la verità ed è più dolce del miele del favo. Così, si rallegrano ascoltando i sermoni e la lettura della Bibbia. Inoltre, si rallegrano praticando la Parola di Dio. Essi obbediscono con gioia alla Parola di Dio che ci dice di "servire, capire e perdonare" anche chi dà loro del filo da torcere.

Davide amava Dio e voleva costruire il Tempio di Dio. Ma Dio non glielo permise. Il motivo è scritto in 1 Cronache 28:3: *"Tu non costruirai una casa al mio nome, perché sei uomo di guerra e hai sparso sangue"*. Davide era stato impegnato in molte guerre, ed essendo un uomo di sangue, agli occhi di Dio non venne ritenuto appropriato per svolgere questo compito.

Davide non poté costruire il Tempio, ma preparò tutti i materiali per costruirlo così suo figlio Salomone avrebbe potuto farlo. Davide preparava i materiali con tutta la sua forza, e il solo farlo, lo rendeva enormemente felice. *"Il popolo si rallegrò di quelle loro offerte volontarie, perché avevano fatto quelle offerte al Signore con tutto il cuore; e anche il re Davide se ne rallegrò grandemente"* (1 Cronache 29:9).

Allo stesso modo, chi gioisce con la verità gioirà di altre persone che sono benestanti, senza esserne gelosi. È inimmaginabile per loro pensare cose cattive, come "qualcosa deve andare storto a quella persona" o provare soddisfazione per l'infelicità altrui.

Quando vedono che succede qualcosa di ingiusto, piangono per questo. Inoltre, chi gioisce con la verità è in grado di amare con la bontà, con un cuore immutabile, e con sincerità e integrità. Gioiscono con buone parole e buone azioni e Dio si rallegra di loro con grida di gioia, come indicato in Sofonia 3:17, *"Il Signore, il tuo Dio, è in mezzo a te, come un potente che salva. Egli si rallegrerà con gran gioia per causa tua; si acqueterà nel suo amore, esulterà per causa tua con grida di gioia"*.

Anche se non potrete sempre gioire con la verità, non dovete sentirvi delusi delusi. Se provate a fare del vostro meglio, l'iddio d'amore riterrà anche quello lo sforzo come un' "esultanza con la verità".

In terzo luogo, gioire con la verità è credere nella Parola di Dio e cercare di praticarla.

È davvero raro trovare una persona capace di gioire con la verità fin dall'inizio del suo percorso cristiano. Finché abbiamo tenebre e menzogna in noi, possiamo anche pensare cose cattive o gioire dell'ingiustizia. Ma quando a poco a poco si cambia e si getta via dal cuore la menzogna, allora possiamo rallegrarci completamente con la verità. Fino ad allora, dobbiamo provare duramente.

Ad esempio, non tutti sono felici di frequentare i servizi di culto. Nel caso di nuovi credenti o di quelli con fede debole, questi potrebbero sentirsi stanchi, o potrebbero essere da un'altra parte con il loro cuore, per esempio chiedendo i risultati delle partite di calcio o preoccupandosi per la riunione di lavoro a cui parteciperanno il giorno dopo.

Ma l'atto di venire al santuario e frequentare il servizio di culto è lo sforzo di cercare di obbedire alla Parola di Dio. È gioire con la verità. Perché proviamo in questo modo? Per ricevere la salvezza e andare in Paradiso. Perché abbiamo sentito la Parola della verità e crediamo in Dio, crediamo anche che ci sarà il giudizio, e che esistono il Cielo e l'Inferno. Sapendo che per noi ci sono diversi premi in Cielo, cercheremo più diligentemente la santificazione e lavoreremo più fedelmente per la casa di Dio. Anche se non si può gioire con la verità totalmente, se facciamo del nostro meglio secondo la nostra misura di fede, questo ci verrà imputato come gioire con la verità.

Fame e sete di verità

Dovrebbe essere così naturale per noi gioire con la verità. Solo la verità ci dà la vita eterna e può cambiarci completamente. Se sentiamo la verità, e cioè il Vangelo, e lo pratichiamo, otterremo la vita eterna, e diventeremo dei veri figli di Dio. Poiché noi siamo pieni di speranza per il regno celeste e per l'amore spirituale, i nostri volti brilleranno di gioia. Inoltre, nella misura in cui siamo trasformati nella verità, saremo felici perché siamo amati e benedetti da Dio, e amati anche da tante persone.

Dovremmo rallegrarci nella verità sempre, e, inoltre, dovremmo avere fame e sete di verità. Se si ha fame e sete, si desiderano ardentemente cibo e bevande. Quando desideriamo la verità, dovremmo bramarla seriamente in modo da poter diventare rapidamente uomini di verità. Dobbiamo vivere una vita in ricerchiamo sempre la verità. Cosa si intende per mangiare e bere la verità? Significa mantenere la Parola di Dio, che è la verità, nel nostro cuore e praticarla.

Se ci troviamo di fronte a qualcuno che amiamo tanto, sarà difficile non esprimere la felicità sulla nostra faccia. Lo stesso vale quando amiamo Dio. In questo momento, non siamo in grado di stare davanti a Dio faccia a faccia, ma se amiamo veramente il Signore, per noi sarà come se fosse visibile. Questo significa che se abbiamo appena visto e sentito qualcosa sulla verità, saremo lieti e felici. Le nostre facce felici non passeranno inosservate dalle persone che ci circondano. Verseremo lacrime di ringraziamento solo pensando a Dio e al Signore, e il nostro cuore sarà toccato anche da piccoli atti di bontà.

Le lacrime che appartengono alla bontà, come le lacrime di ringraziamento e le lacrime di lutto per altre anime, diventeranno splendidi gioielli con cui decorare in seguito la casa di ciascuno in Cielo. Rallegriamoci con la verità in modo tale che la nostra vita sarà piena delle prove che siamo amati da Dio.

Caratteristiche dell'amore spirituale II

6. Non si comporta in modo sconveniente
7. Non cerca il proprio interesse
8. Non si inasprisce
9. Non addebita il male
10. Non gode dell'ingiustizia
11. Gioisce con la verità

12. L'amore soffre ogni cosa

Accettando Gesù Cristo e provando a vivere secondo la Parola di Dio, ci saranno molte cose da sopportare. Dobbiamo resistere a situazioni di provocazione ed esercitare l'autocontrollo sulla nostra tendenza a seguire i nostri desideri. È per questo che la prima caratteristica dell'amore è la pazienza.

Essere paziente è la lotta che ognuno sperimenta su sé stesso mentre cerca di liberarsi delle falsità nel cuore. "Sopportare ogni cosa", invece, ha un significato più ampio. Dopo aver coltivato la verità nel nostro cuore attraverso la pazienza, dobbiamo essere pronti a sopportare tutti i dolori che potremmo incontrare sulla nostra strada a causa di altre persone. In particolare, quello di sopportare ciò che non è conforme con l'amore spirituale.

Gesù venne su questa terra per salvare i peccatori, ma la gente come l'ha trattato? Egli ha fatto solo cose buone, eppure la gente lo ha deriso, dimenticato e disprezzato ed alla fine, lo hanno crocifisso. Tuttavia Gesù, seppur stanco di tutto questo, offrì preghiere di intercessione anche per chi lo odiava, continuamente. Egli pregò per loro, dicendo: *"Padre, perdona loro; perché non sanno quello che fanno"* (Luca 23:34).

Qual è stato il risultato della sopportazione di Gesù di tutte le cose e del suo amore per il popolo? Chi accetta Gesù come suo personale Salvatore ora può ricevere la salvezza e diventare figlio di Dio. Siamo stati liberati dalla morte per godere della vita eterna.

Un detto coreano dice, "frantuma un'ascia per fare un ago".

Significa che con pazienza e perseveranza possiamo realizzare qualsiasi compito difficile. Quanto tempo e sforzo sarebbe necessario per frantumare un ascia d'acciaio per farne un ago tagliente? Appare certamente come un compito talmente impossibile che ci si potrebbe chiedere: "Perché non vendi l'ascia per comprare gli aghi?"

Ma Dio ha accettato ben volentieri tale fatica, perché Egli è il maestro del nostro spirito. Dio è lento all'ira e sopporta con noi mostrandoci misericordia e benignità solo perché ci ama sempre. Egli taglia e lucida la gente, anche se i loro cuori sono duri come l'acciaio. Aspetta che qualcuno diventi il suo vero figlio, anche se questi non sembra avere alcuna possibilità di diventarlo.

> *"Non frantumerà la canna rotta e non spegnerà il lucignolo fumante, finché non abbia fatto trionfare la giustizia"* (Matteo 12:20).

Anche oggi Dio sopporta tutti i dolori che gli procurano le azioni della gente, e ci attende con gioia. È stato paziente con tutti, in attesa che cambiassero in bontà, anche se hanno agito nel male per migliaia di anni. Anche se hanno girato le spalle a Dio per servire gli idoli, Egli ha mostrato loro che Lui è il vero Dio ed ha sopportato con loro con la fede. Se Dio dicesse: "Tu sei pieno di ingiustizia e incapace. Non posso tollerarti più", ditemi, allora, quante persone potrebbero essere salvate?

Come indicato in Geremia 31:3, *"Sì, io ti amo di un amore eterno; perciò ti prolungo la mia bontà"*. Dio ci conduce a questo eterno ed infinito amore.

Praticando il mio ministero come pastore di una grande chiesa, sono stato in grado di comprendere, in qualche modo, cosa significa avere tanta pazienza. Ho incontrato e visto persone piene di iniquità o carenze, ma percependo il cuore di Dio, li ho sempre guardati con gli occhi della fede, essendo certo che un giorno sarebbero cambiati e avrebbero dato gloria a Dio. Poiché sono stato paziente più volte e ho avuto fede in loro, molti membri della chiesa sono cresciuti e oggi sono diventati delle guide a loro volta.

Ogni volta ho subito dimenticato quanto tempo avessi dedicato loro, avendo la sensazione che fosse solo un attimo, comprendendo a fondo il significato di 2 Pietro 3:8 *"Ma voi, carissimi, non dimenticate quest'unica cosa: per il Signore un giorno è come mille anni, e mille anni sono come un giorno".* Dio sopporta ogni cosa per tempi lunghissimi, considerandoli attimi fugaci. Rendiamoci conto dell'amore di Dio e con esso amiamo tutti quelli che sono intorno a noi.

13. L'amore crede ogni cosa

Se si ama davvero qualcuno, crederete ad ogni cosa di quella persona ed anche se ha qualche difetto, comunque proverete a credere in lei. Un marito e una moglie sono legati dall'amore. Se in una coppia sposata non vi è amore, significa che i coniugi non si fidano l'un dell'altro, litigano su ogni cosa, e in ogni momento l'uno avrà dei dubbi sull'altro. Nei casi più gravi si arriva ad avere forti manie di infedeltà che provocando ad entrambi dolore fisico e mentale. Quando due coniugi si amano, si fidano l'un l'altro completamente, sicuri che l'altro sia una brava persona e si comporta bene sempre. Poi, siccome hanno creduto, i loro coniugi eccelleranno nei loro campi, riuscendo in quello che fanno.

La fiducia e la fede possono essere uno standard per misurare la forza dell'amore. Per credere in Dio pienamente, bisogna amarlo profondamente. Abramo, il padre della fede era l'amico di Dio. Senza alcuna esitazione, infatti, Abramo obbedì al comando di Dio che gli diceva di offrire il suo unico figlio Isacco. Fu in grado di farlo perché credeva completamente in Dio. Dio vide questa la fede di Abramo e riconobbe il suo amore.

L'amore è credere. Chi ama completamente Dio, crederà in Lui completamente. Confidano in ogni sua parola, e, siccome credono ad ogni cosa, sopporteranno tutto. Per sopportare ogni cosa, quindi, dobbiamo credere. Vale a dire, solo quando crediamo in ogni singola parola di Dio, possiamo sperare in tutte le cose e circoncidere il nostro cuore fino a liberarci di tutto ciò che è contro l'amore.

Naturalmente, in senso stretto, non è che abbiamo creduto in

Dio perché lo abbiamo amato fin dall'inizio. Dio per primo ci ha amati, e credendo in questo, abbiamo iniziato ad amarlo. Come ci ama Dio? Tanto generosamente da dare il Suo unigenito Figlio per noi, che eravamo i peccatori, per aprire la strada alla nostra salvezza.

In un primo momento, abbiamo imparato ad amare Dio credendo in questo fatto, ma se coltiviamo completamente l'amore spirituale, raggiungeremo un livello in cui crederemo completamente perché amiamo. Coltivare l'amore spirituale completamente significa esserci già liberati da ogni le falsità. Se non abbiamo falsità nel nostro cuore, ci verrà data la fede spirituale dall'alto, con la quale possiamo credere dal profondo del nostro cuore, senza mai dubitare della parola di Dio, e la nostra fiducia in Dio non potrà mai essere scossa. Inoltre, se coltiviamo completamente l'amore spirituale, guarderemo con gli occhi della fede non solo le persone affidabili, ma anche quelle che sono piene di iniquità e difetti.

Dobbiamo essere disposti a credere a qualsiasi tipo di persona ed anche in noi stessi. Anche se abbiamo molti difetti, dobbiamo credere in Dio, che ci cambierà, e dobbiamo guardare a noi stessi con gli occhi della fede affinché ci faccia cambiare presto. Lo Spirito Santo ci sussurra sempre nel nostro cuore, "Si può fare. Io ti aiuterò". Se credi in questo amore e confessi, "posso fare bene, posso cambiare", allora Dio lo porterà a compimento secondo la vostra confessione e fede. Come è bello credere!

Dio crede anche in noi. Credeva che ognuno di noi avesse imparato a conoscere l'amore di Dio e la strada della salvezza. Perché ha guardato tutti noi, con gli occhi della fede ha sacrificato senza risparmio il suo Figlio unigenito, Gesù, sulla croce. Dio crede che anche coloro che non conoscono o che non credono nel Signore, ciò nonostante si salveranno e andranno dalla parte di Dio. Egli ritiene che coloro che hanno già accettato il Signore saranno cambiati in quel tipo di bambini che assomigliano molto Dio. Crediamo qualsiasi tipo di persona con questo amore di Dio.

14. L'amore spera ogni cosa

Si dice che le parole che seguono siano scritte su una delle lapidi nell'Abbazia di Westminster nel Regno Unito: "Quando ero giovane volevo cambiare il mondo, ma non ci sono riuscito. Da adulto ho provato a cambiare la mia famiglia, ma non ci sono riuscito. Solo verso la mia morte mi sono reso conto che avrei potuto cambiare tutte quelle cose, se solo io fossi cambiato".

Di solito, le persone cercano di cambiare un'altra persona, se a loro non piace qualcosa di esse, anche se questo è quasi impossibile. Alcune coppie sposate combattono su questioni talmente banali, come spremere il dentifricio dall'alto o dal basso. Dobbiamo prima cambiare noi stessi prima di cercare di cambiare gli altri. E poi con l'amore per loro, possiamo aspettare che gli altri cambino, sinceramente sperando che vogliano cambiare.

Avere speranza nelle cose significa desiderare e attendere per quello in cui si crede. Vale a dire, se amiamo Dio, noi crederemo ad ogni Parola di Dio e possediamo la ferma speranza che tutto sarà fatto secondo la Sua Parola. Si spera per i giorni in cui si condividerà l'amore di Dio Padre per sempre, nello splendido regno celeste. È per questo che sopportiamo tutto e corriamo la corsa della fede. Ma, cosa succede se non c'è speranza?

Coloro che non credono in Dio non possono avere speranza per il Regno dei Cieli. Questo è il motivo per cui vivono solo secondo i loro desideri, perché non hanno speranza per il futuro. Essi cercano di guadagnare più cose e lottano per soddisfare la loro avidità. Ma non importa quanto posseggano e quanto ne godano, non ne traggono alcuna vera soddisfazione. Vivono la loro vita con la paura per il futuro.

D'altra parte, coloro che credono in Dio, sperano in ogni cosa, e scelgono la via stretta. Perché diciamo che è una via stretta? In realtà è solo alla vista dei miscredenti che questa via appare stretta. Come accettiamo Gesù Cristo e diventiamo figli di Dio, la domenica restiamo in chiesa tutto il giorno partecipando ai servizi di culto, senza abbracciare alcuna forma secolare di piacere. Noi lavoriamo per il Regno di Dio con opere di volontariato e preghiamo di vivere secondo la Parola di Dio. Queste cose sono difficili da fare, senza la fede, ed è per questo che diciamo che è una via stretta.

In 1 Corinzi 15:19 l'apostolo Paolo dice: *"Se abbiamo sperato in Cristo per questa vita soltanto, noi siamo i più miseri fra tutti gli uomini"*. Proprio da un punto di vista carnale, una vita di sopportazione e di duro lavoro sembra opprimente. Ma se abbiamo speranza in ogni cosa, questa è la più felice delle vie percorribili. Se siamo insieme alla persona che amiamo tanto, saremo felici anche in una casa squallida, e se pensiamo al fatto che vivremo con il nostro amato Signore per sempre in cielo, quanto saremo felici! Il solo pensarci ci carica di entusiasmo. In questo modo, con il vero amore, costantemente aspettiamo e speriamo, fino a quando tutto ciò in cui crediamo si avvererà.

L'attesa, accompagnata dalla fede, è qualcosa di potente. Ad esempio, poniamo il caso che uno dei tuoi figli passi tutto il tempo per strada, senza studiare. Anche per questo bambino, se credi in lui dicendo che può farcela e guardandolo con gli occhi della speranza, sapendo che ci può essere un cambiamento, questo può avvenire in qualsiasi momento. La fede dei genitori nei figli stimolerà il miglioramento e l'autostima dei bambini. Quei bambini che hanno fiducia in se stessi hanno la fede che li mette in condizione di fare qualsiasi cosa; saranno in grado di superare le difficoltà, e questi atteggiamenti in realtà non comprometteranno il loro rendimento scolastico.

Lo stesso accade quando ci prendiamo cura della anime in chiesa. In qualunque caso, non dobbiamo mai saltare alle conclusioni su una persona. Non dobbiamo scoraggiarci pensando, "Sembra molto difficile che quella persona possa cambiare", o "è sempre la stessa persona". Dobbiamo guardare tutti con gli occhi della fede, mantenendo la speranza che presto cambieranno e si scioglieranno nell'amore di Dio. Dobbiamo continuare a pregare per loro, incoraggiandoli e credendo, "Si può fare!"

15. L'amore sopporta ogni cosa

1 Corinzi 13:7 dice: *"[Amore] soffre ogni cosa, crede ogni cosa, spera ogni cosa, sopporta ogni cosa"*. Se ami puoi sopportare ogni cosa. Ma, che cosa significa "sopportare"? Quando sopportiamo dobbiamo anche essere pronti a pagarne le conseguenze. Quando c'è vento su un lago o al mare, ci saranno anche le onde. Anche dopo che il vento si sarà calmato, ci saranno ancora alcune increspature. La stessa cosa succede quando sopportiamo. L'azione di sopportare qualcosa non termina nel momento che finiamo di "sopportare", dopo, infatti, quest'azione causerà degli effetti collaterali e qualche conseguenza.

Ad esempio, Gesù disse in Matteo 5:39, *"Ma io vi dico: non contrastate il malvagio; anzi, se uno ti percuote sulla guancia destra, porgigli anche l'altra"*. Come già detto, anche se qualcuno ti percuote sulla guancia destra, non reagire, sopporta. Finisce forse tutto lì? No, perché ci saranno degli effetti. Avrete dolore. La vostra guancia farà male, ma il dolore che è nel cuore è il dolore più grande. Naturalmente, le persone hanno diversi motivi per provare dolore nel cuore. Alcune provano dolore del cuore perché pensano che sono stati schiaffeggiati senza motivo e per questo sono arrabbiati, ma altri possono avere dolore nel cuore perché dispiaciuti di aver fatto arrabbiare l'altra persona. Altri ancora possono sentirsi dispiaciuti nel vedere un fratello che non riesce a contenere il suo temperamento, esprimendolo fisicamente piuttosto che in modo più costruttivo e corretto.

Le conseguenze del sopportare qualcosa possono anche venire da circostanze esterne. Ad esempio, qualcuno ti schiaffeggia sulla guancia destra, e tu, secondo la Parola, porgi anche la guancia sinistra, e vieni colpito ancora più violentemente. Hai sopportato secondo quanto dettato dalla Parola, ma la situazione si è inasprita, tanto da essere, di fatto, peggiorata.

Prendiamo ad esempio la storia di Daniele. Egli non è sceso a compromessi pur sapendo che sarebbe stato gettato nella fossa dei leoni. Poiché amava Dio, non ha mai smesso di pregare, anche in situazioni di pericolo di vita. Inoltre, egli non ha agito con il male verso coloro che stavano cercando di ucciderlo. Ma ditemi, la situazione è forse migliorata dal momento in cui Daniele ha iniziato a sopportare in accordo con la Parola di Dio? No, perché è stato gettato nella fossa dei leoni!

Pensiamo a tutte le prove che dovremmo superare, e che dobbiamo sopportare anche se non sono conformi all'amore. Allora, qual è la ragione per cui le prove arrivano ancora? È la provvidenza di Dio che ci fa perfetti e ci porta benedizioni incredibili. I campi porteranno raccolti sani e forti se sopporteranno la pioggia, il vento, e il sole cocente. La provvidenza di Dio è tale che veniamo fuori come veri figli di Dio mediante prove.

Le prove sono benedizioni

Satana sconvolge la vita dei figli di Dio quando cercano di abitare nella Luce. Satana cerca sempre di trovare tutti i possibili motivi per accusare le persone, e se mostrano qualche difetto in realtà non li accusa. Un esempio è quando qualcuno agisce malvagiamente contro di voi. Se sopportate esteriormente, ma dentro avete ancora sentimenti cattivi, Satana lo sa e per questo vi accusa. Poi, Dio deve consentire prove secondo l'accusa. Fino a quando non sarà riconosciuto che in noi non vi è più alcuna malvagità, saremo sottoposti alle cosiddette "prove di affinatura". Naturalmente, potremmo essere chiamati ad affrontare prove anche dopo che ci siamo liberati di tutti i peccati e siamo diventati completamente santificati. Grazie a questo, non ci limiteremo a mantenere il nostro livello di resistenza al male, ma riusciremo a coltivare un amore ancora più grande e una bontà perfetta, non avendo macchie o difetto alcuno.

Non è solo per le benedizioni personali; lo stesso principio si applica quando cerchiamo di realizzare il regno di Dio. Affinché Dio mostri grandi opere, una certa misura sulla scala della giustizia deve essere soddisfatta. Mostrando grande fede e opere d'amore, dobbiamo dimostrare che siamo una vaso atto a ricevere la risposta, in modo che il diavolo non possa opporsi ad essa.

Così, a volte Dio permette che ci siano delle prove per noi. Se perseveriamo solo con la bontà e l'amore, Dio ci permette di dare una maggiore gloria a Lui con maggiore trionfo e con maggiori ricompense per noi. Soprattutto, se si superano le persecuzioni e le difficoltà che si ricevono per amore del Signore, certamente riceveremo grandi benedizioni. *"Beati voi, quando vi insulteranno e vi perseguiteranno e, {mentendo,} diranno contro di voi ogni sorta di male per causa mia. Rallegratevi e giubilate, perché il vostro premio è grande nei cieli; poiché così hanno perseguitato i profeti che sono stati prima di voi"* (Matteo 5:11-12).

Soffrire, credere, sperare e sopportare ogni cosa

Se credete a ogni cosa, e spero con amore, potrete superare qualsiasi prova, e poi in particolare, come si fa a soffrire, credere, sperare, e sopportare ogni cosa?

In primo luogo, dobbiamo credere all'amore di Dio fino alla fine, anche durante le prove.

1 Pietro 1:7 dice: *"Affinché la vostra fede, che viene messa alla prova, che è ben più preziosa dell'oro che perisce, e tuttavia è provato con il fuoco, sia motivo di lode, di gloria e di onore al momento della manifestazione di Gesù Cristo".* Egli ci affina in modo da avere i requisiti per essere in grado di godere di lode, gloria e onore quando le nostre vite non saranno più di questa terra.

Inoltre, se viviamo secondo la Parola di Dio, completamente e senza compromessi con il mondo, potrebbero esserci alcune occasioni in cui ci troveremo ad affrontare sofferenze ingiuste, ed ogni volta, dobbiamo credere che stiamo ricevendo l'amore speciale di Dio. Quindi, invece di scoraggiarci, saremo grati perché Dio ci sta portando ad abitare in posti migliori in Cielo. Inoltre, dobbiamo credere nell'amore di Dio, e dobbiamo credere fino alla fine, anche se ci saranno alcuni dolori nelle prove di fede.

Se il dolore è serio e si va avanti per molto tempo, possiamo pensare, "Perché Dio non mi aiuta? Non mi ama più?" Ma in questi momenti, dobbiamo tenere vivo nella mente l'amore di Dio in modo più chiaro e sopportare le prove. Dobbiamo credere che Dio Padre vuole condurci a migliori dimore celesti perché ci ama.

Se perseveriamo fino alla fine, finalmente diventeremo figli perfetti di Dio. *"E la costanza compia pienamente l'opera sua in voi, perché siate perfetti e completi, di nulla mancanti"* (Giacomo 1:4).

In secondo luogo, nel sopportare ogni cosa dobbiamo credere che le prove sono una scorciatoia per soddisfare le nostre speranze.

Romani 5:3-4 dice: *"non solo, ma ci gloriamo anche nelle afflizioni, sapendo che l'afflizione produce pazienza, la pazienza, esperienza, e l'esperienza, speranza"*. La tribolazione qui è come una scorciatoia per realizzare le nostre speranze, portandoci a pensare, "Quando posso cambiare?" Ma se si sopporta e si continua a cambiare ancora e ancora, poi a poco a poco si potrà finalmente diventare un vero e perfetto figlio di Dio simile a Lui.

Pertanto, quando arriva una prova, non la si dovrebbe evitare, ma cercare di superarla facendo del nostro meglio. Certo, è la legge della natura nonché naturale desiderio di un uomo prendere la strada più semplice, ma se cerchiamo di evitare le prove, il nostro viaggio sarà solo molto più lungo. Per esempio, c'è una persona che costantemente e in ogni questione sembra darvi problemi. Non lo mostrate apertamente all'esterno, ma provate disagio ogni volta che incontrate quella persona, e quindi volete solo evitarla. In questo caso, non si dovrebbe cercare di ignorare la situazione, ma superarla attivamente. Bisogna sopportare il disagio che si ha con questa persona e coltivare il cuore per capirla veramente e perdonarla. A questo punto, Dio vi darà grazia e cambierete. Allo stesso modo, ciascuna delle prove diventeranno pietre miliari e scorciatoie sul tuo modo di soddisfare le vostre speranze.

In terzo luogo, per sopportare ogni cosa, dobbiamo fare solo bene.

Quando ci si trova faccia a faccia con le conseguenze, anche dopo aver sopportato ogni cosa secondo la Parola di Dio, di solito ci si lamenta contro Dio, dicendo: "Perché la situazione non cambia anche dopo aver agito secondo la Parola?" Tutte le prove di fede sono portate da Satana. Vale a dire, i test e le prove sono le battaglie tra il bene e il male.

Per ottenere la vittoria in questa battaglia spirituale, dobbiamo combattere secondo le regole del regno spirituale. La legge del regno spirituale è che la bontà alla fine vincerà. Romani 12:21 recita: *"Non lasciarti vincere dal male, ma vinci il male con il bene"*. Se agiamo con la bontà, potrà sembrare che ci si trova di fronte ad una sconfitta, avendo perso in quel preciso momento, ma, in realtà è il contrario, perché il Dio buono e giusto controlla tutto, la fortuna, la sfortuna, la vita e la morte dell'uomo. Quindi, quando ci troviamo di fronte a test, prove e persecuzioni, dobbiamo agire solo nella bontà.

In alcuni casi ci sono credenti che affrontano persecuzioni inflitte dai loro familiari non credenti. In tal caso, i credenti potrebbero pensare: "Perché mio marito è così cattivo? Perché mia moglie è così cattiva?" Ma poi, la prova diventa ancora più grande e più lunga. Dov'è il bene in questo tipo di situazione? Dovete pregare con amore e servirli nel Signore. Dovete diventare la luce che brilla sulla vostra famiglia.

Se fai loro solo cose buone, Dio farà il suo lavoro al momento più opportuno. Egli scaccerà Satana e commuoverà anche il cuore dei vostri familiari. Tutti i problemi saranno risolti quando si agisce nel bene secondo le regole di Dio. L'arma più potente nella battaglia spirituale non è il potere o la sapienza umana, ma la bontà di Dio. Pertanto, dobbiamo solo sopportare nel bene e fare cose buone.

C'è qualcuno intorno a voi che pensate sia difficile, sia starci insieme sia sopportarlo? Alcune persone commettono errori continuamente, causano danni e procurano difficoltà ad altri, altre si lamentano e si imbronciano anche per piccole cose. Ma se coltivate in voi il vero amore, non ci sarà nessuno che non sarete in grado di sopportare., perché amerete gli altri come voi stessi, come Gesù ci ha detto di amare il nostro prossimo come noi stessi (Matteo 22:39).

Dio Padre ci capisce, e sopporta con noi. Fintanto che coltivate questo amore spirituale in voi, dovete vivere come un'ostrica. Quando un corpo estraneo come sabbia, alghe, o particella di conchiglia si blocca tra la sua conchiglia e il suo corpo, un'ostrica la trasforma in perla preziosa! In questo modo, se coltiviamo l'amore spirituale, passeremo attraverso il cancello di perle e andremo nella Nuova Gerusalemme, dove si trova il trono di Dio.

Provate a immaginare il momento in cui si passa i cancelli di perle ricordando il passato su questa terra. Dovremmo essere in grado di confessare a Dio Padre, "Grazie per aver sopportato, creduto, sperato con ogni cosa per me", perché è lui che ha modellato il nostro cuore così splendidamente come le perle.

Caratteristiche dell'Amore Spirituale III

12. Soffre ogni cosa

13. Crede ogni cosa

14. Spera ogni cosa

15. Sopporta ogni cosa

L'amore perfetto

"L'amore non verrà mai meno. Le profezie verranno abolite;
le lingue cesseranno e la conoscenza verrà abolita,
poiché noi conosciamo in parte, e in parte profetizziamo;
ma quando la perfezione sarà venuta,
quello che è solo in parte sarà abolito.
Quando ero bambino, parlavo da bambino, pensavo da bambino,
ragionavo da bambino; ma quando sono diventato uomo,
ho smesso le cose da bambino.
Poiché ora vediamo come in uno specchio, in modo oscuro;
ma allora vedremo faccia a faccia; ora conosco in parte;
ma allora conoscerò pienamente,
come anche sono stato perfettamente conosciuto.
Ora dunque queste tre cose durano: fede, speranza, amore;
ma la più grande di esse è l'amore".

1 Corinzi 13:8-13

Quando si va in cielo, poteste portare con voi una sola cosa, cosa vi piacerebbe portare? Oro? Diamanti? Soldi? Tutte queste cose sono inutili in Cielo, dove le strade sulle quali cammineremo saranno in oro puro. Ciò che Dio Padre ha preparato nelle dimore celesti è qualcosa di prezioso. Dio conosce i nostri cuori e prepara le cose migliori con tutti i suoi sforzi. Ma c'è una cosa che possiamo portare con noi da questa terra, e che sarà così preziosa in Cielo. È l'amore, quello coltivato nel nostro cuore mentre viviamo in questo mondo.

Anche in cielo l'amore è necessario

Quando la coltivazione dell'umanità sarà finita e andremo nel regno celeste, ogni cosa di questa terra sparirà (Apocalisse 21:1). Salmi 103:15 dice: *"I giorni dell'uomo sono come l'erba; egli fiorisce come il fiore dei campi"*. Anche le cose intangibili come la ricchezza, la fama e l'autorità scompariranno. Tutti i peccati e le tenebre, come odio, litigi, invidie e gelosie scompariranno.

Ma 1 Corinzi 13:8-10 dice: *"L'amore non verrà mai meno. Le profezie verranno abolite; le lingue cesseranno e la conoscenza verrà abolita, poiché noi conosciamo in parte, e in parte profetizziamo; ma quando la perfezione sarà venuta, quello che è solo in parte sarà abolito"*.

I doni della profezia, le lingue e la conoscenza di Dio sono tutte cose spirituali, quindi perché saranno eliminate? Il cielo è nel regno spirituale ed è un luogo perfetto. In cielo, verremo a sapere tutto chiaramente. Anche se comunichiamo con Dio in modo chiaro e profetizziamo, è completamente diverso da comprendere tutto ciò che in futuro vedremo nel regno celeste, e comprenderemo chiaramente il cuore di Dio Padre, in modo che le profezie non saranno più necessarie.

Lo stesso accadrà per le lingue. Qui, "lingue" è riferito ai diversi linguaggi. Ora, noi abbiamo molte lingue diverse su questa terra, così che per parlare con persone di lingua diversa, dobbiamo imparare la loro. A causa delle differenze culturali, abbiamo bisogno di un sacco di tempo e fatica per condividere il cuore ed i pensieri. Anche se parliamo la stessa lingua, non riusciamo a capire i cuori e i pensieri di altre persone completamente. Anche se si parla fluentemente ed in modo elaborato, non è facile trasmettere il nostro cuore e il nostro pensiero completamente. Per colpa delle parole, possiamo avere incomprensioni e litigi. Ci sono anche molti errori in parole.

Ma se andiamo in Paradiso, non dobbiamo preoccuparci di queste cose. C'è solo una lingua in Cielo. Quindi, non c'è bisogno di preoccuparsi di non capire gli altri. Perché il buon cuore viene convogliato così com'è, non ci possono essere malintesi o pregiudizi.

Lo stesso vale per la conoscenza, che qui si riferisce alla conoscenza della Parola di Dio. Vivendo su questa terra abbiamo diligentemente imparato la Parola di Dio. Attraverso i 66 libri della Bibbia, impariamo come possiamo essere salvati e ottenere la vita eterna. Impariamo la volontà di Dio, ma solo una sua parte, che è riferita a ciò che dobbiamo fare per andare in Paradiso.

Ad esempio, sentiamo, impariamo e pratichiamo parole come, "Amatevi", "Non invidiare, non essere geloso", e così via. Ma in cielo c'è solo l'amore, dove non abbiamo bisogno di questo tipo di conoscenza. Anche se sono cose spirituali, alla fine anche le profezie, le lingue diverse e ogni conoscenza scompariranno. Esistono solo perché sono temporaneamente necessari in questo mondo fisico.

Pertanto, è importante conoscere la Parola di verità ed il cielo, ma è più importante coltivare l'amore. Nella misura in cui circoncidiamo il nostro cuore e coltiviamo l'amore possiamo andare in un posto migliore che è la dimora celeste.

L'amore è eternamente prezioso

Ti ricordi il tuo primo amore? Come sei stato felice! Come si dice, siamo accecati dall'amore, se amiamo veramente qualcuno, possiamo vedere solo cose buone da quella persona e ogni cosa sembrerà bella. Il sole sembra più splendente che mai, e potremmo anche sentire il profumo dell'aria. Alcuni studi scientifici condotti in laboratorio affermando che le parti del cervello che controllano i pensieri negativi e di critica sono meno attive per coloro che sono innamorati. Allo stesso modo, se si ha il cuore pieno d'amore per Dio, ci si sentirà felici anche se non si mangia. In cielo, questo tipo di gioia durerà per sempre.

La nostra vita su questa terra è come una vita di un bambino, in rapporto alla vita che avremo in Paradiso. Un bambino che sta appena iniziando a parlare può dire solo un paio di parole facili come "mamma" e "papà". Egli non può esprimere molte cose concretamente in dettaglio. Inoltre, i bambini non possono capire le cose complesse del mondo degli adulti. I bambini parlano, capiscono e credono nelle loro conoscenze e capacità di bambini. Non hanno un concetto corretto circa il valore del denaro, quindi se gli facciamo vedere una moneta ed una banconota, naturalmente sceglieranno la moneta, perché sanno che valgono qualcosa in quanto l'hanno usata per comprare caramelle o ghiaccioli, mentre non conoscono il valore delle banconote.

Simile è la nostra comprensione del cielo mentre viviamo su questa terra. Sappiamo che il cielo è un posto bellissimo, ma è difficile esprimere quanto sia bello in realtà. Nel regno celeste, non ci sono limiti, così la bellezza può essere espressa nella misura massima. Quando arriviamo al cielo, saremo anche in grado di capire l'illimitato e misterioso reame spirituale, e i principi per i quali ogni cosa funziona. Ciò viene affermato in 1 Corinzi 13:11, *"Quando ero bambino, parlavo da bambino, pensavo da bambino, ragionavo da bambino; ma quando sono diventato uomo, ho smesso le cose da bambino"*.

Nel regno celeste, non ci sono tenebre, preoccupazioni o ansie. Esiste solo la bontà e l'amore. Quindi, possiamo esprimere il nostro amore e servire gli uni gli altri come noi vogliamo. sotto questo aspetto, il mondo fisico ed il regno spirituale sono completamente differenti. Naturalmente, anche su questa terra vi è una grande differenza nella comprensione e nei pensieri delle persone secondo la misura della fede di ciascuno.

In 1 Giovanni capitolo 2, ogni livello di fede è paragonato ai piccoli, ai bambini, ai giovani e ai padri. Per coloro che hanno un livello di fede come i lattanti o come i bambini, sono come bambini nello spirito. Non possono davvero comprendere le cose spirituali profonde. Hanno poco forza per praticare la Parola. Ma quando diventano uomini e padri, le loro parole, il pensiero e le azioni cambiano ed hanno più possibilità di praticare la Parola di

Dio, e possono vincere la battaglia contro il potere delle tenebre. Ma anche se realizziamo la fede dei padri su questa terra, possiamo dire che siamo ancora come i bambini rispetto al momento in cui entreremo nel regno celeste.

Sentiremo l'amore perfetto

L'infanzia è un momento di preparazione per diventare adulto, e allo stesso modo, la vita su questa terra è il tempo di preparazione per la vita eterna. E, questo mondo è come un'ombra rispetto al regno eterno del cielo, che passa via in fretta. Ombra non è l'essere reale. In altre parole, non è reale. È solo un'immagine che assomiglia all'essere originale.

Re Davide benedisse il Signore sotto gli occhi di tutta l'assemblea, e disse: *"Noi siamo davanti a te stranieri e gente di passaggio, come furono tutti i nostri padri; i nostri giorni sulla terra sono come un'ombra, e non c'è speranza"* (1 Cronache 29:15).

Quando guardiamo l'ombra di qualcosa, possiamo comprendere le linee generali di tale oggetto. Anche questo mondo fisico è come un'ombra che ci dà una piccola idea del mondo eterno. Quando l'ombra, che è la vita su questa terra, passa, l'entità reale sarà rivelata chiaramente. In questo momento, sappiamo del regno spirituale solo vagamente e debolmente, come se stessimo guardando in uno specchio. Ma quando andremo nel regno celeste, capiremo così chiaramente come quando si guarda faccia a faccia.

1 Corinzi 13:12 dice: *"Poiché ora vediamo come in uno*

specchio, in modo oscuro; ma allora vedremo faccia a faccia; ora conosco in parte; ma allora conoscerò pienamente, come anche sono stato perfettamente conosciuto". Quando l'apostolo Paolo scrisse questa Capitolo Amore, lo fece circa 2.000 anni fa. Uno specchio in quel momento non era chiaro come gli specchi di oggi. Non era realizzato con il vetro. Macinavano argento, bronzo o acciaio e lucidavano il metallo per fargli riflettere la luce. Ecco perché uno specchio era offuscato. Naturalmente, alcune persone vedono e sentono il Regno dei Cieli più chiaramente con occhi spirituali aperti. Eppure, siamo in grado di percepire la bellezza e la felicità del Cielo solo vagamente.

Quando entreremo nel regno eterno del cielo, ci sarà concesso chiaramente di vedere ogni dettaglio del regno e sentirlo direttamente. Impareremo la grandezza, la potenza e la bellezza di Dio, che sono oltre le parole.

L'amore è il più grande tra Fede, Speranza e Amore

La fede e la speranza sono molto importanti per incrementare la nostra fede. Noi possiamo essere salvati e andare in paradiso solo quando abbiamo fede. Siamo in grado di diventare figli di Dio solo con la fede. Poiché possiamo ottenere la salvezza, la vita eterna, e il regno celeste solo con la fede, essa è molto preziosa, è il tesoro di tutti i tesori; la fede è la chiave per avere risposte alle nostre preghiere.

E la speranza? Anch'essa è preziosa; prendiamo possesso dei migliori posti per abitare in cielo, se avremo speranza. Quindi, se abbiamo fede, ci sarà naturalmente la speranza. Se noi certamente crediamo in Dio, il Paradiso e l'Inferno, avremo la speranza per il Cielo. Inoltre, se abbiamo la speranza, cercheremo di diventare santificati e lavoreremo fedelmente per il regno di Dio. La fede e la speranza sono condizioni imprescindibili per raggiungere il Regno dei Cieli. Ma 1 Corinzi 13:12 dice che l'amore è il più grande. Perché?

In primo luogo, la fede e la speranza sono necessarie solo durante la nostra vita su questa terra, infatti, soltanto l'amore spirituale rimarrà nel Regno dei Cieli.

In cielo, non avremo nulla in cui credere senza vedere o sperare in qualcosa perché tutto sarà lì davanti ai nostri occhi. Supponiamo che c'è qualcuno che amate molto, e non lo incontrate da una settimana, oppure da dieci anni. Avremo maggiori e più profonde emozioni, quando lo incontriamo di nuovo dopo dieci anni. E incontrandolo, dopo dieci anni, ci sarà qualcuno che sentirà ancora la sua mancanza?

Lo stesso vale per la nostra vita cristiana. Se abbiamo veramente la fede e l'amore di Dio, crescerà la speranza con il passare del tempo, come crescerà la nostra fede. Ci mancherà il Signore sempre più col cuore, con il passare dei giorni. Coloro che hanno la speranza del Cielo in questo modo non diranno che è difficile, anche se stanno prendendo la via stretta su questa terra, e non si faranno influenzare da ogni tentazione. E quando raggiungiamo la nostra destinazione finale, il regno celeste, non avremo più bisogno di fede e speranza. Ma l'amore persisterà ancora in cielo, per sempre, ed è per questo che la Bibbia dice che l'amore è il più grande.

In secondo luogo, siamo in grado di possedere il Cielo con la fede, ma senza amore, non possiamo entrare nella più bella delle dimore, la Nuova Gerusalemme.

Possiamo appropriarci del regno celeste con forza nella misura in cui abbiamo agito con fede e speranza. Nella misura in cui viviamo secondo la Parola di Dio, liberandoci dai peccati e coltivando un cuore puro, ci verrà data la fede spirituale, e secondo la misura di questa fede spirituale, ci verranno data diverse dimore nel cielo: Paradiso, Primo Regno dei Cieli, Secondo Regno dei Cieli, Terzo Regno dei Cieli e Nuova Gerusalemme.

Il Paradiso è per chi ha fede solo per essere salvato accettando Gesù Cristo. Vuol dire che non ha fatto nulla per il regno di Dio. Il primo Regno dei Cieli è per coloro che hanno cercato di vivere la Parola di Dio dopo aver accettato Gesù Cristo. ed è molto più bella rispetto al Paradiso. Il secondo Regno dei Cieli è per chi ha vissuto la Parola di Dio con amore per Dio e sono stati fedeli al suo regno. Il Terzo Regno dei Cieli è per quelli che amano Dio al massimo grado e si sono liberati di qualunque forma di male diventando santificati. La Nuova Gerusalemme è per coloro che hanno avuto la fede che piace a Dio e sono stati fedeli verso la casa del Signore.

Nuova Gerusalemme è una dimora celeste data a quei figli di Dio che hanno coltivato l'amore perfetto con la fede, ed è un cristalloide d'amore. In realtà, nessuno, se non Gesù Cristo, unigenito Figlio di Dio ha i requisiti per essere in grado di entrare nella Nuova Gerusalemme. Ma noi essendo creature, possiamo avere le caratteristiche per entrarci, se giustificati dal prezioso sangue di Gesù Cristo e se possediamo la fede perfetta.

Per assomigliare al Signore e abitare nella Nuova

Gerusalemme, dobbiamo seguire la via che ha percorso il Signore. Questo strada è l'amore. Soltanto con questo amore possiamo portare i nove frutti dello Spirito Santo e le Beatitudini per essere degni e veri figli di Dio che hanno le caratteristiche del Signore. Ottenuta i requisiti per essere veri figli di Dio, riceveremo ogni cosa che chiediamo su questa terra, e avremo il privilegio di essere capaci di camminare in cielo con il Signore, per l'eternità. Pertanto, andiamo in Paradiso quando abbiamo fede, e ci liberiamo dai peccati quando abbiamo speranza. Per questo motivo, la fede e la speranza sono certamente necessarie, ma l'amore è la cosa più grande, e solo con l'amore potremo entrare nella Nuova Gerusalemme.

"Non abbiate altro debito con nessuno,

se non di amarvi gli uni gli altri;

perché chi ama il prossimo ha adempiuto la legge.

Infatti il 'non commettere adulterio', 'non uccidere',

'non rubare', 'non concupire' e qualsiasi altro comandamento

si riassumono in questa parola:

'Ama il tuo prossimo come te stesso'.

L'amore non fa nessun male al prossimo;

l'amore quindi è l'adempimento della legge".

Romani 13:8-10

Parte 3
L'amore è il compimento della legge

Capitolo 1 : L'amore di Dio

Capitolo 2 : L'amore di Cristo

CAPITOLO 1 — L'amore di Dio

L'amore di Dio

*"Noi abbiamo conosciuto l'amore che Dio ha per noi,
e vi abbiamo creduto. Dio è amore;
e chi rimane nell'amore rimane
in Dio e Dio rimane in lui".*
1 Giovanni 4:16

Durante il lavoro con gli indiani Quechua, Elliot iniziò a prepararsi per raggiungere la tribù indiana degli Huaorani famosa per la sua violenza. Insieme ad altri quattro missionari, Ed McCully, Roger Youderian, Peter Fleming e il loro pilota Nate Santo, si misero in contatto con questa tribù dal loro aereo, usando un altoparlante ed un cesto per inviare loro dei regali. Dopo diversi mesi, gli uomini decisero di costruire una base a breve distanza dalla tribù indiana, lungo il fiume Curaray. Più volte furono avvicinati da piccoli gruppi di Huaorani, e fecero anche un giro in aereo con uno curioso di loro, che chiamavano "George" (il suo vero nome era Naenkiwi). Incoraggiati da questi incontri amichevoli, cominciarono a programmare le visite agli Huaorani, ma i loro piani furuno preceduti dall'arrivo di un gruppo più ampio di Huaorani, che uccisero Elliot e i suoi quattro compagni l'8 gennaio 1956. Il corpo mutilato di Elliot fu trovato a valle, insieme a quelli degli altri uomini, ad eccezione di quello di Ed McCully.

Elliot e suoi amici divennero immediatamente conosciuti in tutto il mondo come martiri, e Life Magazine pubblicò un articolo di 10 pagine sulla loro missione e sulla loro morte. Essi vengono considerati come la scintilla che ha mosso l'interesse per le missioni cristiane tra i giovani di quel tempo, ed ancora oggi sono considerati come incoraggiamento per i missionari cristiani che operano in tutto il mondo. Dopo la morte del marito, Elisabeth Elliot e altri missionari hanno iniziato a lavorare tra gli Indiani Auca, dove hanno avuto un impatto profondo e guadagnato molte conversioni al Signore. Molte anime sono state vinte dall'amore di Dio.

"Non abbiate altro debito con nessuno, se non di amarvi gli uni gli altri; perché chi ama il prossimo ha adempiuto la legge. Infatti il 'non commettere adulterio', 'non uccidere', 'non rubare', 'non concupire' e qualsiasi altro comandamento si riassumono in questa parola: 'Ama il tuo prossimo come te stesso'. L'amore non fa nessun male al prossimo; l'amore quindi è l'adempimento della legge" (Romani 13:8-10).

Il più alto livello di amore tra tutti i tipi di amore è l'amore di Dio verso di noi. Anche la creazione di ogni cosa e di noi esseri umani derivava dall'amore di Dio.

Dio ha creato ogni cosa e gli esseri umani dal Suo amore

In principio Dio ospitava il vasto spazio dell'universo in se stesso. Questo universo è un universo differente da quello che conosciamo oggi. È uno spazio che non ha inizio, né fine, né limiti. Ogni cosa è fatta secondo la volontà di Dio e ciò che Egli nutre nel suo cuore. Ma se Dio può fare e avere tutto quello che vuole, perché ha creato gli esseri umani?

Voleva veri figli con cui poter condividere la bellezza del suo mondo che Egli stava godendo. Voleva condividere lo spazio in cui tutto è fatto come desiderato. Simile è la mente umana; vorremmo condividere apertamente le cose buone con coloro che amiamo. Con questa speranza, Dio ha pianificato la coltivazione umana per ottenere veri figli.

Come primo passo, divise quell'unico universo in mondo fisico e mondo spirituale, e creò schiere celesti e angeli, altri esseri spirituali, e tutte le altre cose necessarie nel regno spirituale. Ha creato uno spazio dove poter abitare, oltre al Regno dei Cieli, dove i suoi veri figli vorrebbero abitare, e lo spazio per gli esseri umani, da passare attraverso la coltivazione umana. Dopo che un periodo incommensurabile di tempo fu passato, Dio ha creato la terra nel mondo fisico con il sole, la luna e le stelle, e l'ambiente naturale, e tutte le cose necessarie per la vita degli uomini.

Vi erano innumerevoli esseri spirituali intorno a Dio, come angeli, ma gli obbedivano incondizionatamente, un po' come i robot. Non erano esseri con cui Dio poteva condividere il suo amore. Per questo Dio ha creato gli uomini a sua immagine per avere dei veri figli con i quali condividere il suo amore. Se fosse possibile avere robot con belle facce che agiscono esattamente secondo i vostri desideri, potrebbero mai sostituire i vostri veri figli? Anche se i vostri figli non vi ascoltano sempre come dovrebbero, saranno comunque molto più belli di quei robot per il sol fatto che possono sentire il vostro amore ed esprimere il loro amore per voi. Lo stesso fu per Dio. Voleva veri figli con i quali poteva scambiare il suo cuore. Con questo amore, Dio ha creato il primo essere umano, Adamo.

Dopo che Dio creò Adamo, fece un giardino in un luogo chiamato Eden verso est, e lo portò lì. Il Giardino dell'Eden gli fu dato per la considerazione che Dio aveva per Adamo. Era un posto inspiegabilmente meraviglioso dove fiori e alberi crescevano molto bene e animali bellissimi ci passeggiavano intorno.

Ovunque vi erano frutti abbondanti, brezze che sembravano tanto soffici come seta e l'erba produceva suoni sussurranti. L'acqua brillava come gemme preziose che rilasciano riflessi di luce. Anche con la migliore fantasia degli uomini, non si può esprimere pienamente la bellezza di quel luogo.

Dio diede anche ad Adamo un aiutante di nome Eva. Non perché Adamo si sentiva solo. Dio capì il cuore di Adamo in anticipo perché Dio era stato solo per un tempo molto lungo. Nella migliore condizione di vita data da Dio, Adamo ed Eva camminavano con Dio e, per un lungo, lungo tempo, hanno goduto di grande autorità come i signori di tutte le creature.

Dio coltiva gli esseri umani perchè diventino dei veri figli

Ma Adamo ed Eva mancava qualcosa per essere veri figli di Dio. Anche se Dio diede loro il suo amore fino in fondo, non potevano davvero sentirne l'amore. Godevano di ogni cosa data loro da Dio, ma non c'era nulla che si erano meritati o guadagnati con i loro sforzi. Così, non hanno capito quanto fosse prezioso l'amore di Dio e non erano riconoscenti di ciò che gli era stato dato. Inoltre, non avendo sperimentato la morte e l'infelicità, non conoscevano il valore della vita. Non hanno mai provato odio, così non hanno capito il vero valore dell'amore. Anche se la sentivano e conoscevano come conoscenza mentale, non potevano sentire il vero amore nei loro cuori perché non ne avevano mai avuto esperienza diretta.

Il motivo per cui Adamo ed Eva mangiarono dall'albero della

conoscenza del bene e del male si trova qui. Dio disse: *"Perché nel giorno che tu ne mangerai, certamente morirai"*, ma non conoscevano il pieno significato della morte (Genesi 2:17). Dio forse non sapeva che stavano per mangiare dell'albero della conoscenza del bene e del male? Lui sapeva, ma ha comunque dato ad Adamo ed Eva il libero arbitrio, potevano scegliere di essere obbedienti. In questo concetto si trova la provvidenza per la coltivazione umana.

Attraverso la coltivazione umana, Dio ha voluto che tutta l'umanità sperimentasse le lacrime, il dolore, le pene, la morte, ecc., in modo che quando arriveranno in Paradiso, sentiranno davvero quanto sono importanti e preziose le cose celesti, e saranno in grado di godere della vera felicità. Dio ha voluto condividere il suo amore con loro per sempre in cielo, che è, al di là di un confronto, anche più bello del Giardino dell'Eden.

Dopo che Adamo ed Eva hanno disobbedito alla Parola di Dio, non potevano più vivere nel Giardino dell'Eden, e dal momento che Adamo aveva perso anche l'autorità come signore di tutte le creature, tutti gli animali e le piante sono stati maledetti. La Terra una volta aveva abbondanza e bellezza, ma anche lei fu maledetta. Ora produce spine e cardi, e gli uomini non possono raccogliere nulla senza faticare e con il sudore della loro fronte.

Anche se Adamo ed Eva hanno disobbedito a Dio, Egli gli fece delle tuniche di pelle e li vestì, perché costretti a vivere in un ambiente completamente diverso (Genesi 3:21). Il cuore di Dio deve aver bruciato come quelli dei genitori che devono mandare i loro bambini lontano per un po' di tempo per prepararsi per il loro futuro. Nonostante questo amore di Dio, subito dopo che iniziò la coltivazione umana, gli uomini si sono macchiati di peccati, allontanandosi rapidamente da Dio.

Romani 1:21-23 dice: *"Perché, pur avendo conosciuto Dio, non l'hanno glorificato come Dio, né l'hanno ringraziato; ma si son dati a vani ragionamenti e il loro cuore privo d'intelligenza si è ottenebrato. Benché si dichiarino sapienti, son diventati stolti, e hanno mutato la gloria del Dio incorruttibile in immagini simili a quelle dell'uomo corruttibile, di uccelli, di quadrupedi e di rettili".*

Per questa umanità peccatrice, Dio ha mostrato la sua provvidenza e il suo amore attraverso il popolo eletto, Israele. Da un lato, quando vivevano dalla Parola di Dio, ha mostrato segni e prodigi stupefacenti e ha dato loro grandi benedizioni, dall'altro, quando si sono allontanati, adorato idoli e commesso peccati, Dio ha mandato molti profeti per far conoscere il suo amore.

Uno di quei profeti fu Osea, attivo in un'epoca buia dopo che Israele fu divisa in nord di Israele e in sud di Giuda.

Un giorno Dio diede ad Osea un ordine speciale dicendo, *"Va', prenditi in moglie una prostituta e genera figli di prostituzione; perché il paese si prostituisce, abbandonando il Signore"* (Osea 1:2). Non era immaginabile per un profeta pio di sposare una donna dedita al meretricio, ed anche se non capì appieno l'intenzione di Dio, obbedì alla sua Parola e prese come sua moglie una donna di nome Gomer.

Ebbero tre figli, ma Gomer andò con un altro uomo seguendo la sua lussuria. Tuttavia, Dio disse ad Osea di amare sua moglie (Osea 3:1). Osea la cercò e la comprò per quindici sicli d'argento e un comer e mezzo di orzo.

L'amore che Osea diede a Gomer simboleggia l'amore che Dio ha dato a noi. E Gomer, una prostituta, simboleggia tutti gli uomini che si sono macchiati del peccato. Proprio come Osea ha preso una donna di meretricio come sua moglie, Dio ancor prima ha amato quelli di noi che si sono macchiati di peccati di questo mondo.

Ha mostrato il suo amore infinito, sperando che ognuno ritornasse dalla sua strada di morte e diventasse suo figlio. Anche se siete diventati amici con il mondo e tenete le distanze da Dio per un po', Lui non dice, "mi hai lasciato e non posso accettarti di nuovo". Egli Vuole solo che tutti tornino a Lui, e lo fa con un cuore più sincero di quello dei genitori che aspettano che ritornino i loro figli che sono scappati da casa.

Dio ha preparato Gesù Cristo fin da prima dei secoli

La parabola del figliol prodigo in Luca 15 mostra esplicitamente il cuore di Dio Padre. Il secondo figlio che godeva di una vita agiata da bambino non ha avuto cuore grato per il padre né ha capito il valore del tipo di vita che stava vivendo. Un giorno ha chiesto di avere in anticipo il denaro che gli sarebbe spettato in eredità. Egli era un figlio tipicamente viziato che chiedeva quanto gli spettava in eredità mentre il padre era ancora in vita.

Il padre non poteva fermare suo figlio, perché il figlio non capiva del tutto il cuore dei genitori, e alla fine gli ha dato i soldi. Il figlio era felice e partì per un viaggio. Il dolore del padre cominciò da quel momento. Era preoccupato a morte pensando cose tipo,

"E se si fa male? E se incontra persone malvagie?" Il padre non dormiva abbastanza perché preoccupato per suo figlio, e guardava l'orizzonte costantemente sperando in un suo ritorno.

Ben presto, il denaro del figlio terminò, e la gente lo cominciò a maltrattare. Era in una situazione talmente terribile che placava la sua fame con le carrube che mangiavano i porci, e nessuno gli dava nulla. In quei momenti ricordò la casa di suo padre. Tornò a casa, ma era così dispiaciuto che non riusciva nemmeno a sollevare la testa. Ciononostante il padre gli corse incontro e lo baciò. Il padre non lo biasimò, piuttosto era così felice che gli mise addosso i vestiti migliori e uccise un vitello e diede una festa per lui. Questo è l'amore di Dio.

L'amore di Dio non è dato solo ad alcune persone speciali in un momento speciale. 1 Timoteo 2:4 dice, *"Il quale vuole che tutti gli uomini siano salvati e vengano alla conoscenza della verità"*. Tiene la porta della salvezza aperta tutto il tempo, e ogni volta che un'anima ritorna a Dio, Egli l'accoglie con tanta gioia e felicità.

Con questo amore di Dio che non ci lascia andare fino alla fine, la strada per ricevere la salvezza è stata aperta per tutti. Questo perché Dio ha preparato il suo unigenito Figlio Gesù Cristo. Come scritto in Ebrei 9:22, *"Secondo la legge, quasi ogni cosa è purificata con sangue; e, senza spargimento di sangue, non c'è perdono"*. Gesù ha pagato il prezzo dei peccati che i peccatori dovevano pagare, col suo sangue prezioso e la sua stessa vita.

1 Giovanni 4:9 parla dell'amore di Dio come scritto, *"In questo si è manifestato per noi l'amore di Dio: che Dio ha*

mandato il suo Figlio unigenito nel mondo, affinché, per mezzo di lui, vivessimo". Dio ha mandato Gesù che ha versato il suo prezioso sangue per redimere l'umanità da tutti i loro peccati. Gesù è stato crocifisso, ma ha vinto la morte ed è risorto il terzo giorno, perché non aveva alcun peccato. Attraverso questo è stata aperta la via della nostra salvezza. Darci il Suo unigenito Figlio non è stato facile come sembra. Un detto coreano recita, "I genitori non sentono alcun dolore, se i loro figli sono fisicamente davanti ai loro occhi". Molti genitori sentono che la vita dei loro figli sia più importante della loro.

Pertanto, Dio, dando il suo Figlio unigenito Gesù ci ha mostrato il sommo amore. Inoltre, Dio ha preparato il Regno dei Cieli per coloro che ritornano a Lui attraverso il sangue di Gesù Cristo. Che grande amore è questo! Eppure l'amore di Dio non finisce qui.

Dio ci ha dato lo Spirito Santo per condurci al Cielo

Dio dona lo Spirito Santo a coloro che accettano Gesù Cristo e ricevono il perdono dei peccati. Lo Spirito Santo è il cuore di Dio. Dal momento della ascensione del Signore, Dio ha mandato il Consolatore, lo Spirito Santo nei nostri cuori.

Romani 8:26-27 dice, *"Allo stesso modo ancora, lo Spirito viene in aiuto alla nostra debolezza, perché non sappiamo pregare come si conviene; ma lo Spirito intercede egli stesso per noi con sospiri ineffabili; e colui che esamina i cuori sa quale sia il desiderio dello Spirito, perché egli intercede per i santi secondo il volere di Dio"*.

Quando pecchiamo, lo Spirito Santo ci guida al pentimento attraverso gemiti inesprimibili con le parole. Per coloro che hanno una fede debole, Egli dona la fede; a coloro che non hanno speranza, Egli dà speranza. Proprio come le madri che con delicatezza danno conforto e si prendono cura dei loro figli, Egli ci dona la sua voce in modo da non ferirci o danneggiarci in alcun modo. In questo modo ci fa sapere del cuore di Dio che ci ama, e ci porta al Regno dei Cieli.

Se capiamo questo amore profondo, non possiamo fare a meno di amare Dio. Se amiamo Dio con tutto il nostro cuore, Egli ci darà in cambio un grande e sorprendente amore, tale da sopraffarci. Egli ci dona la salute, e ci benedirà affinché tutto ci vada bene. Lo fa perché è la legge del regno spirituale, ma ancora più importante, perché vuole farci sentire il suo amore attraverso le benedizioni che riceviamo. *"Io amo quelli che mi amano, e quelli che mi cercano mi trovano"* (Proverbi 8:17).

Che cosa hai provato quando hai incontrato Dio e hai ricevuto una guarigione o la soluzione a un problema? Devi aver sentito che Dio ama anche un peccatore come te. Credo tu debba aver confessato dal tuo cuore, "potremmo riempire l'oceano d'inchiostro, e sui cieli che erano fatti di pergamena, per scriverci sopra l'amore di Dio, prosciugando l'oceano." Inoltre, credo che siete stati sopraffatti dall'amore di Dio che vi ha dato il Cielo eterno dove non ci sono preoccupazioni, nessun dolore, nessuna malattia, nessuna separazione, e non c'è morte.

Prima non amavamo Dio. Dio per primo è venuto a noi e ci ha steso le sue mani. Egli non ci amava perché meritavamo di essere amati. Dio ci ha tanto amato da dare il suo Figlio unigenito per noi che eravamo peccatori e destinati a morire. Amava tutti gli uomini, ed Egli si preoccupa di tutti noi con un amore più grande di qualsiasi amore di una madre che non può dimenticare di prendersi cura del suo bambino (Isaia 49:15). Egli ci attende anche per mille anni, che per lui sono un giorno.

L'amore di Dio è l'amore vero che non cambia anche con il passare del tempo. Quando arriveremo in Cielo, resteremo a bocca spalancata nel vedere le corone bellissime, lucenti lini, e le case celesti costruite con oro e pietre preziose, che Dio avrà preparato per noi. Egli ci dà ricompense e doni anche durante le nostre vite terrene qui, ed Egli è in trepidante attesa per il giorno in cui saremo con lui nella Sua gloria eterna. Facciamo sentire il suo grande amore.

CAPITOLO 2 — *L'amore di Cristo*

L'amore di Cristo

*"E camminate nell'amore come anche Cristo
ci ha amati e ha dato se stesso per noi in offerta
e sacrificio a Dio quale profumo di odore soave".*
Efesini 5:2

L'amore ha il grande potere di rendere possibile l'impossibile. In particolare, l'amore di Dio e l'amore del Signore sono davvero sorprendenti. Può trasformare in persone competenti quelle che sono incompetenti e che non sono in grado di fare qualcosa in modo efficace. Quando i pescatori ignoranti, gli esattori delle tasse – che all'epoca erano considerati come peccatori – i poveri, le vedove e le persone trascurate del mondo, hanno incontrato il Signore, le loro vite sono state completamente cambiate. La loro povertà e le malattie sono stati risolte, e hanno sentito il vero amore che non avevano mai provato prima. Si consideravano inutili, ma sono nati di nuovo come strumenti gloriosi di Dio. Questo è il potere dell'amore.

Gesù venne su questa terra abbandonando ogni gloria celeste

In principio Dio era il Verbo e il Verbo è sceso su questa terra prendendo forma umana. È Gesù, il Figlio unigenito di Dio. Gesù scese su questa terra per salvare l'umanità legata al peccato che percorreva la via della morte. Il nome "Gesù" significa *"Egli salverà il suo popolo dai suoi peccati"* (Matteo 1:21).

Tutte queste persone macchiate dal peccato non erano diverse dalle bestie (Ecclesiaste 3:18). Gesù è nato in una stalla per redimere gli uomini che abbandonarono quello che dovevano fare e che non erano migliori di animali. Fu posto in una mangiatoia destinata all'alimentazione degli animali per diventare vero cibo per questi uomini (Giovanni 6:51), e per concedere agli uomini di recuperare l'immagine perduta di Dio e consentire loro di portare a compimento tutti i loro doveri.

Inoltre, Matteo 8:20 dice, *"Gesù gli disse: 'Le volpi hanno delle tane e gli uccelli del cielo hanno dei nidi, ma il Figlio dell'uomo non ha dove posare il capo'"*. Come prima detto, lui non aveva un posto per dormire, e passava le notti nei campi al freddo e sotto la pioggia. È rimasto senza cibo ed ha patito la fame molte volte. Tutto ciò è accaduto non perché fosse incapace, ma per redimere tutti noi dalla povertà. 2 Corinzi 8:9 dice: *"Infatti voi conoscete la grazia del nostro Signore Gesù Cristo il quale, essendo ricco, si è fatto povero per voi, affinché, mediante la sua povertà, voi poteste diventare ricchi"*.

Gesù iniziò il suo ministero pubblico, con il segno di fare vino dall'acqua al banchetto di nozze di Cana. Ha predicato il Regno di Dio ed eseguito molti segni e prodigi nell'area della Giudea e della Galilea. Molti lebbrosi sono guariti, gli zoppi sono tornati a camminare e saltare, e quelli che erano affetti dal demonio sono stati liberati dal potere delle tenebre. Anche una persona che era morta da quattro giorni e puzzava la fece uscire dalla tomba viva (Giovanni 11).

Gesù manifestò queste cose incredibili durante il suo ministero su questa terra per lasciare che le persone si rendessero conto dell'amore di Dio. Inoltre, essendo in origine una sola cosa con Dio e la Parola stessa, ha mantenuto la legge per stabilire un esempio perfetto per noi. Poi, proprio perché ha mantenuto tutta la Legge, non ha condannato coloro che l'hanno violata e per questo dovevano essere messi a morte. Ha solo insegnato al popolo la verità, in modo che anche una sola anima si pentisse per ricevere la salvezza.

Se Gesù avesse misurato tutti rigorosamente secondo la legge, nessuno sarebbe stato in grado di ricevere la salvezza. La legge sono i comandamenti di Dio che ci dicono cosa fare, cosa gettare, e cosa tenere. Ad esempio, ci sono alcuni comandamenti come "osserva il giorno del riposo del Signore; non desiderare la famiglia del tuo vicino; onora i tuoi genitori; e liberati da tutte le forme del male". La destinazione finale di tutte le leggi è l'amore. Se si mantengono tutti gli statuti e le leggi, si può praticare l'amore, almeno esteriormente.

Ma ciò che Dio vuole da noi, non è solo quello di mantenere la legge con le nostre azioni. Egli vuole che osserviamo la legge con l'amore dal nostro cuore. Gesù conosceva questo cuore di Dio molto bene e compì la Legge con amore. Uno dei migliori esempi è il caso della donna che era stata colta in flagrante adulterio (Giovanni 8). Un giorno, gli scribi e i farisei gli condussero una donna che era stata colta in fragranza di adulterio, la misero al centro della folla e chiesero a Gesù: *"Ora Mosè, nella legge, ci ha comandato di lapidare tali donne; tu che ne dici?"* (Giovanni 8:5).

Hanno detto questo per mettere alla prova e poi accusare Gesù. Cosa pensi che stesse provando in quel momento quella donna? Doveva vergognarsi tanto perché il suo peccato era stato rivelato pubblicamente e nello stesso modo, doveva tremare di paura perché stava per essere lapidata. Se Gesù avesse detto, "Lapidatela", la sua vita sarebbe finita sotto i colpi delle molte pietre lanciatele.

Gesù però non ha detto loro di punirla secondo la legge. Invece, Si chinò e cominciò a scrivere qualcosa in terra con il suo dito. Erano i nomi dei peccati che venivano commessi da tutti. Dopo averli elencati, si alzò e disse: *"Chi di voi è senza peccato, scagli per primo la pietra contro di lei"* (v. 7). Poi, Si chinò di nuovo e cominciò a scrivere qualcosa.

Questa volta, egli scrisse i peccati di ogni persona, come se sapesse quando, dove e come ognuno di loro di avesse commessi. Coloro che ebbero rimorsi di coscienza andarono via uno ad uno. Alla fine, rimasero solo Gesù e la donna. I versetti 10 e 11 dicono: *"Gesù, alzatosi, le disse: 'Donna, dove sono? Nessuno ti ha condannata?' Ella rispose: 'Nessuno, Signore'. E Gesù disse: 'Neppure io ti condanno; va' e da ora in poi non peccare più'"*.

Non sapeva la donna che la pena per l'adulterio era la lapidazione? Naturalmente lei lo sapeva. Conosceva la legge, ma ha peccato perché non poteva dominare la sua lussuria. Era in attesa di essere messa a morte per il suo peccato rivelato, e sebbene inaspettatamente ha sperimentato il perdono di Gesù, quanto profondamente deve essere stato toccata! Finché si sarebbe ricordata dell'amore di Gesù, lei non sarebbe stata più capace di peccare.

Poiché Gesù con il suo amore ha perdonato la donna che ha violato la legge, purché amiamo Dio ed il nostro prossimo, la legge è allora obsoleta? No, non lo è. Gesù disse, *"Non pensate che io sia venuto per abolire la legge o i profeti; io sono venuto non per abolire, ma per portare a compimento"* (Matteo 5:17).

Siamo in grado di esercitare la volontà di Dio in maniera perfetta perché abbiamo la legge. Se qualcuno dice solo che ama Dio, non siamo in grado di misurare quanto è profondo e grade il suo amore. Tuttavia, la misura del suo amore può essere verificata perché abbiamo la legge. Se questa persona ama veramente Dio con tutto il cuore, sicuramente osserverà la Legge. Per una tale persona, non è difficile osservare la Legge. Inoltre, nella misura in cui osservano correttamente alla Legge, riceverà l'amore e la benedizione di Dio.

Ma i legalisti al tempo di Gesù non erano interessati all'amore di Dio contenuta nella Legge. Essi non si concentravano sul rendere santi i loro cuori, ma solo a mantenere le formalità. Si sentivano soddisfatti e anche orgogliosi del fatto di farla osservare esteriormente. Pensavano di osservare la legge, e, quindi, immediatamente giudicavano e condannavano chi la violava, e quando Gesù ha spiegato il vero significato contenuto nella Legge e insegnato il cuore di Dio, hanno detto che Gesù era nell'errore e posseduto dal demonio.

Poiché i Farisei non avevano amore, osservare accuratamente la legge non dava nessun profitto alle loro anime (1 Corinzi 13:1-3). Non si liberavano dal male presente nei loro cuori, ma giudicavano e condannavano gli altri, allontanandosi così da Dio. Alla fine, hanno commesso il peccato di crocifiggere il Figlio di Dio, ed il loro cuore non si sarebbe mai mosso a pentimento.

Gesù ha compiuto la provvidenza della Croce con obbedienza fino alla morte

Verso la fine dei suoi tre anni di ministero, Gesù andò al monte degli Ulivi poco prima che cominciassero le sue sofferenze e mentre la notte diventava sempre più profonda, pregò intensamente prefigurando la crocifissione che lo aspettava. La sua preghiera era un grido affinché tutte le anime fossero salvate attraverso il suo sangue versato, che era del tutto innocente. Era una preghiera per chiedere la forza per superare le sofferenze della croce. Pregava con molto fervore; e il suo sudore diventò come grosse gocce di sangue, che cadevano in terra (Luca 22:42-44).

In quella notte, Gesù fu catturato dai soldati e portato da un luogo all'altro per essere interrogato. Alla fine ricevette la condanna a morte alla corte di Pilato. I soldati romani gli misero una corona di spine sul capo, gli sputarono addosso, lo percossero prima di portarlo al luogo dell'esecuzione (Matteo 27:28-31).

Il suo corpo era coperto di sangue. Fu deriso e flagellato per tutta la notte, e con questo corpo salì al Golgota portando la croce di legno. Una grande folla lo seguiva. Un tempo lo accoglievano al grido di "Osanna", ma ora sono una folla che grida, "Crocifiggilo!" Il volto di Gesù era coperto di sangue, tanto da essere irriconoscibile. Tutta la sua forza era esaurita a causa dei dolori inflitti dalle torture, tanto da essere estremamente difficile per lui fare anche un solo passo in avanti.

Dopo aver raggiunto il Golgota, Gesù è stato crocifisso per redimerci dai nostri peccati. Per riscattare noi, che eravamo sotto la maledizione della legge che dice che il salario del peccato è la morte (Romani 6:23), Egli è stato appeso su una croce di legno e versato tutto il suo sangue. Egli ha perdonato i peccati che commettiamo con i nostri pensieri, indossando la corona di spine sul capo. È stato inchiodato alle mani ed ai piedi per perdonare i peccati che commettiamo con le nostre mani ed i nostri piedi.

Gli stolti che non conoscono questo fatto schernirono e derisero Gesù che era stato appeso sulla croce (Luca 23:35-37). Ma anche nel dolore straziante, Gesù ha pregato per il perdono di quelli che lo stavano crocifiggendo, come scritto in Luca 23:34,

"Padre, perdona loro, perché non sanno quello che fanno".

La crocifissione è una dei più crudeli metodi di esecuzione. Il condannato deve soffrire di dolore per un tempo relativamente più lungo rispetto ad altre pene. Le mani e i piedi vengono inchiodati, e la carne è lacerata. Sopraggiunge una grave disidratazione e disordine della circolazione sanguigna. Ciò causa un lento deterioramento delle funzioni degli organi interni. Il condannato deve soffrire anche dei dolori causati dagli insetti che si posano su di lui per annusare il sangue.

Secondo voi, cosa pensava Gesù mentre era sulla croce? Non era il dolore straziante del suo corpo. Pensava al motivo per cui Dio ha creato gli uomini, il senso del coltivare gli uomini su questa terra, e il motivo per cui ha dovuto sacrificare se stesso come vittima di espiazione per il peccato dell'uomo, ed offrì preghiere di ringraziamento dal profondo del suo cuore.

Dopo sei ore di sofferenza sulla croce, Gesù disse: *"Ho sete"* (Giovanni 19:28). Era la sete spirituale, che è la sete di vincere le anime che percorrevano la via della morte. Pensando alle innumerevoli anime che sarebbero vissute su questa terra in futuro, ci stava chiedendo di consegnare il messaggio della croce e salvare le anime.

Gesù disse infine, *"È compiuto!"* (Giovanni 19:30) e poi spirò dopo aver detto: *"Padre, nelle tue mani rimetto lo spirito mio"* (Luca 23:46). Ha rimesso il suo spirito nelle mani di Dio perché Egli aveva adempiuto al suo compito di aprire la via della salvezza per tutta l'umanità, diventando esso stesso la propiziazione. Quello è stato il momento in cui è stato compiuto l'atto di amore più grande.

Da allora, il muro del peccato che era eretto tra Dio e noi è stato abbattuto, e siamo stati in grado di comunicare con Dio direttamente. Prima di allora, il sommo sacerdote doveva offrire il sacrificio per il perdono dei peccati in nome del popolo, ma ora non è più così. Chi crede in Gesù Cristo può entrare nel luogo santissimo di Dio e adorarlo direttamente.

Gesù prepara le dimore celesti con il Suo Amore

Prima di prendere la croce, Gesù parlò ai suoi discepoli delle cose a venire. Disse loro che avrebbe dovuto prendere la croce per compiere la provvidenza di Dio Padre, ma i discepoli erano ancora preoccupati, ed ha spiegato loro delle dimore celesti per confortarli.

Giovanni 14:1-3 dice: *"Il vostro cuore non sia turbato; credete in Dio, e credete anche in me! Nella casa del Padre mio ci sono molte dimore; se no, vi avrei detto forse che io vado a prepararvi un luogo? Quando sarò andato e vi avrò preparato un luogo, tornerò e vi accoglierò presso di me, affinché dove sono io, siate anche voi"*. È un dato di fatto che ha vinto la morte ed è risorto, è salito al cielo alla vista di molte persone. Ed è così che ha potuto preparare per tutti noi una dimora celeste. Ora, che cosa significa "Quando sarò andato e vi avrò preparato un luogo"?

1 Giovanni 2:2 dice: *"Egli è il sacrificio propiziatorio per i nostri peccati, e non soltanto per i nostri, ma anche per quelli di tutto il mondo"*. Come già detto, questo significa che chiunque può possedere il Cielo con la fede, perché Gesù ha demolito il muro del peccato tra Dio e noi.

Inoltre, Gesù disse: "Nella casa del Padre mio ci sono molte dimore", ossia ci dice che vuole che tutti ricevano la salvezza. Non ha detto ci sono molti posti in "Cielo", ma "Nella casa del Padre mio", perché possiamo chiamare Dio, "Abba, Padre" attraverso l'opera del prezioso sangue di Gesù.

Il Signore ancora intercede per noi incessantemente. Prega con fervore davanti al trono di Dio, senza mangiare o bere (Matteo 26:29). Egli prega in modo che possiamo arrivare alla vittoria della coltivazione umana su questa terra e rivela la gloria di Dio, rendendo le nostre anime prospere.

Inoltre, quando terminerà la coltivazione umana e ci sarà il giudizio del grande trono bianco, lui continuerà a lavorare per noi. Al tempo del giudizio, ognuno sarà giudicato senza il minimo errore per tutto ciò che ha fatto, ma il Signore sarà l'avvocato dei figli di Dio ed invocherà dicendo: "ho lavato i loro peccati con il mio sangue", in modo che possano ricevere ricompense ed una migliore dimora in Cielo. Questo perché Egli è sceso su questa terra e ha sperimentato in prima persona tutto ciò che gli uomini fanno, parlerà delle azioni degli uomini come un avvocato. Come possiamo capire pienamente questo amore di Cristo?

Dio vuole farci conoscere il suo amore per noi attraverso il Suo unigenito Figlio Gesù Cristo. Questo amore è quello con cui Gesù non si è risparmiato versando fino all'ultima sua goccia di sangue per noi. È l'amore incondizionato e immutabile con cui Egli avrebbe perdonato settanta volte sette. Chi ci può separare da questo amore?

In Romani 8:38-39, l'apostolo Paolo proclama, *"Infatti sono persuaso che né morte, né vita, né angeli, né principati, né cose presenti, né cose future, né potenze, né altezza, né profondità, né alcun'altra creatura potranno separarci dall'amore di Dio che è in Cristo Gesù, nostro Signore".*

L'apostolo Paolo ha realizzato questo amore di Dio e l'amore del Cristo, e ha dato la propria vita completamente obbedendo alla volontà di Dio e vivendo come un apostolo e non ha risparmiato la sua vita per evangelizzare i pagani. Ha praticato l'amore di Dio portando innumerevoli anime sulla via della salvezza.

Anche se è stato chiamato "il capo della setta del Nazareno", Paolo ha dedicato tutta la sua vita quale predicatore. Ha diffuso in tutto il mondo l'amore di Dio e l'amore del Signore che è più profondo e più ampio rispetto a qualsiasi misura. Prego nel nome del Signore, affinché tutti voi diventiate veri figli di Dio, che adempiano la legge con amore e per sempre abitino nel posto più bello che è la dimora celeste della Nuova Gerusalemme, condividendo l'amore di Dio e l'amore del Cristo.

L'Autore:
Dott. Jaerock Lee

Il Dott. Lee è nato nel 1943, a Muan, in provincia di Jeonnam, nella Repubblica della Corea. Intorno ai vent'anni iniziò a soffrire di varie malattie incurabili. Dopo sette anni di sofferenza e senza alcuna speranza di guarigione, non gli restava che aspettare la morte. Un giorno, nella primavera del 1974, fu condotto in una chiesa da sua sorella e come si inginocchiò per pregare, l'Iddio vivente lo guarì immediatamente da tutte le sue malattie.

Dall'istante in cui ha incontrato l'Iddio vivente attraverso quell'esperienza meravigliosa, lo ha amato con tutto il suo cuore e tutta la sincerità di cui era capace. Nel 1978 fu chiamato ad essere un servitore di Dio. Seguì un periodo di preghiera profonda in modo da comprendere e compiere chiaramente la Sua volontà. Nel 1982, ha fondato la Chiesa Centrale del Ministerio Manmin in Seoul, Sud Corea e compiuto innumerevoli opere per mano di Dio, incluse guarigioni miracolose e molti miracoli.

Nel 1986, Il Dott. Lee è stato ordinato pastore durante la Riunione Annuale della Jesus' Sungkyul Church of Korea, e quattro anni più tardi nel 1990, i suoi sermoni cominciarono ad essere trasmessi in onda dalla Far East Broadcasting Company, dalla Asia Broadcast Station, and the Washington Christian Radio System fino in Australia, Russia, Filippine e molte altre nazioni.

Tre anni più tardi nel 1993, la Manmin Central Church è stata nominata tra le "50 Chiese più grandi del mondo" dal periodico cristiano "Christian World Magazine" (Stati Uniti). Inoltre, il dott. Lee ha ricevuto un Dottorato Onorario presso l'università cristiana, "Christian Faith College", Florida, Stati Uniti e nel 1996 un Dottorato Ministeriale presso l'università teologica "Kingsway Theological Seminary", Iowa, Stati Uniti.

Dal 1993 il dott. Lee ha intrapreso la direzione di una visione missionaria mondiale esplicitandola attraverso crociate all'estero, di cui alcune svoltesi in Tanzania, Argentina, LA, Baltimore City, Hawaii e New York City degli Stati Uniti, Uganda, Giappone, Pakistan, Kenya, Filippine, Honduras, India, Russia, Germania, Perù, Repubblica Democratica del Congo, Israele e in Estonia.

Nel 2002 molte riviste e giornali cristiani in Corea lo hanno definito "pastore mondiale" in riferimento al suo lavoro missionario all'estero. In particolare ha riscosso particolare clamore la sua "crociata di New York", svoltasi nel 2006 presso il Madison Square Garden, la più famosa arena del mondo. L'evento è stato trasmesso a 220 nazioni. Poi, durante la storica Crociata Evangelistica in Israele, che si è tenuta presso il Centro Congressi Internazionale (ICC) a Gerusalemme ha coraggiosamente proclamato che Gesù Cristo è il Messia e Salvatore.

I suoi sermoni sono trasmessi a 176 nazioni attraverso canali satellitari, tra cui la GCN TV. Nel 2009 è stato indicato come uno dei "Top 10 leader cristiani più influenti", e, nel 2010 la rivista cristiana russa "Nella Vittoria" e l'agenzia di stampa Christian Telegraph lo hanno premiato per i potenti messaggi TV all'estero sia come pastore di una grande chiesa.

A partire da Febbraio 2018, la Manmin Central Church ha una congregazione di oltre 130.000 membri, con oltre 11.000 chiese affiliate in tutto il mondo, tra cui 56 domestiche, e più di 102 missionari presenti in 26 paesi, tra cui Stati Uniti, Russia, Germania, Canada, Giappone, Cina, Francia, India, Kenya e altri.

Fino a questo momento Il Dott. Lee ha scritto 111 libri, inclusi i best-seller: *Gustare la Vita Eterna prima della Morte, La Mia Vita, La Mia Fede, Il Messaggio della Croce, La Misura della Fede, Cielo I e II, Inferno*, e *La potenza di Dio*, tradotti in più di 76 lingue.

I suoi articoli sono presenti su diversi periodici e riveiste cristiane, come *Hankook Ilbo, il JoongAng Daily, il Chosun Ilbo, il Dong-A Ilbo, il Seoul Shinmun, The Kyunghyang Shinmun, The Korea Economic Daily, The Shisa notizie*, e *la Press Christian*.

Il Dott. Lee è attualmente fondatore e presidente di un notevole numero di organizzazioni missionarie, oltre ad essere il presidente della chiesa "United Holiness Church of Korea", del quotidiano "Nation Evangelization Paper", fondatore e presidente del "GCN", network coreano di televisioni cristiane, del "WCDN" il primo network mondiale di medici e dottori cristiani e del "MIS" il seminario internazionale del ministerio Manmin.

Altri autorevoli libri dello stesso autore:

Cielo I e II

Uno schema dettagliato dell'ambiente meraviglioso che i cittadini del cielo godranno immersi nella gloria di Dio, la Nuova Gerusalemme e il regno dei cieli.

Il Messaggio della Croce

Un messaggio potente e rinvigorente per tutti quelli che sono spiritualmente sonnecchianti. In queste pagine troverete l'amore vero di Dio e le ragioni per cui Gesù è l'unico Salvatore.

Inferno

Un accorato messaggio divino a tutto il genere umano. Dio desidera che ogni anima sia salvata e non precipiti all'inferno! Questo libro svela dettagli e racconti sulle crudeltà dell'inferno come mai sono stati narrati prima.

La Potenza di Dio

Una guida essenziale per il credente su come possedere la vera fede e sperimentare la potenza mirabile di Dio.

Spirito, Anima e Corpo I e II

Gli uomini sono stati creati a immagine di Dio, e senza Dio, non possono vivere. Otterremo le risposte alla domanda sull'origine dell'uomo solo quando sapremo chi è Dio.

Risvegliati Israele!

Perché Dio ha mantenuto i suoi occhi su Israele dal principio del mondo fino ad oggi? Che tipo di Sua provvidenza è stato preparato per Israele negli ultimi giorni, che attendono il Messia?

La Mia Vita, La Mia Fede I e II

L'autobiografia del Dott. Jaerock Lee. Un aroma spirituale fragrante per il lettore, che, attraverso la vita del pastore Lee, testimonierà dell'amore di Dio che ha rotto il giogo della disperazione più profonda.

La Misura della Fede

Quale regno, quale corona e quale ricompensa sono state preparate per voi in cielo? Questo libro provvede, con sapienza e rivelazione, una guida alla comprensione del concetto di "misura di fede" per maturare nella tua fede.

www.urimbooks.com

www.ingramcontent.com/pod-product-compliance
Lightning Source LLC
LaVergne TN
LVHW041805060526
838201LV00046B/1133